Ficha Catalográfica

(Preparada na Editora)

Baduy Filho, Antônio, 1943-

B129c *Contos e Crônicas - Inspirados nas lições de "O Evangelho Segundo o Espiritismo" - Volume 2* / Antônio Baduy Filho, Espíritos Hilário Silva e Valérium. Araras, SP, 1ª edição, IDE, 2020.

368 p.

ISBN 978-85-7341-749-4

1. Espiritismo 2. Psicografia - Mensagens I. Silva, Hilário. II. Valérium. IV. Título.

CDD-133.9
-133.91

Índices para catálogo sistemático:

1. Espiritismo 133.9
2. Psicografia: Mensagens: Espiritismo 133.91

Hilário Silva e Valérium
Psicografado por Antônio Baduy Filho

Contos e Crônicas

Inspirados nas lições de
O Evangelho Segundo o Espiritismo

volume 2

ide

ISBN 978-85-7341-749-4
1ª edição - fevereiro/2020

Conselho Editorial:
Doralice Scanavini Volk
Wilson Frungilo Júnior

Projeto e Coordenação:
Jairo Lorenzeti

Revisão de texto:
Mariana Frungilo Paraluppi

Capa:
Samuel Carminatti Ferrari

Diagramação:
Maria Isabel Estéfano Rissi

INSTITUTO DE DIFUSÃO ESPÍRITA - IDE
Av. Otto Barreto, 1067
CEP 13602-060 - Araras/SP - Brasil
Fone (19) 3543-2400
CNPJ 44.220.101/0001-43
Inscrição Estadual 182.010.405.118
www.ideeditora.com.br
editorial@ideeditora.com.br

Sumário

Os capítulos ímpares são de autoria do ***Espírito Hilário Silva*** e os capítulos pares do ***Espírito Valérium,*** todos através do ***médium Antônio Baduy Filho***

Capítulo VIII - ***Bem-aventurados aqueles que têm puro o coração***

Capítulo IX - ***Bem-aventurados aqueles que são brandos e pacíficos***

Capítulo X - ***Bem-aventurados aqueles que são misericordiosos***

Capítulo XII - *Amai os vossos inimigos*

Capítulo XIII - *Que a vossa mão esquerda não saiba o que dá a vossa mão direita*

Algumas palavras

Os companheiros Hilário Silva e Valérium nos oferecem nestas páginas preciosa colaboração ao estudo de "O Evangelho Segundo o Espiritismo".

Através de crônicas, em exposições rápidas e engenhosas e com a presença de personagens dando vida aos contos, tecem considerações aos ensinamentos de Jesus e aos comentários em torno deles, presentes em todos os capítulos desta obra que Allan Kardec situa na Codificação Espírita.

Sugiro a você, caro leitor, acompanhar estas páginas instrutivas e agradáveis, sentindo em cada leitura a vontade e o estímulo para viver as lições do Evangelho, com a bênção de Jesus.

ANDRÉ LUIZ

Ituiutaba, 20 de junho de 2018.

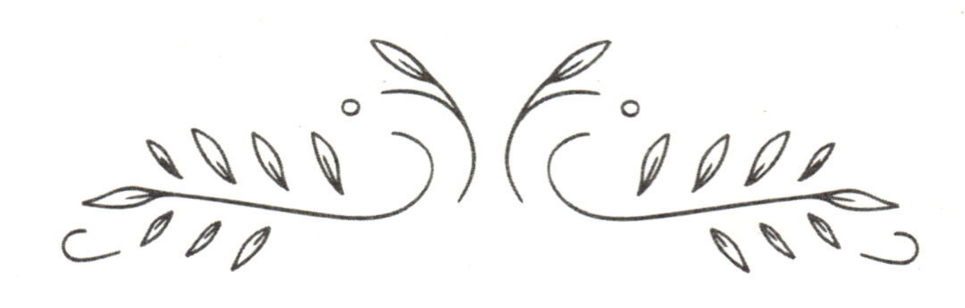

Contos e Crônicas

"O Evangelho Segundo o Espiritismo" é obra da Codificação Espírita, onde os ensinamentos de Jesus são comentados à luz das novas revelações espirituais.

Estudando todos os seus capítulos, apresentamos nestas páginas nossos comentários às lições evangélicas em dois modelos: crônicas de argumentação e linguagem objetivas; e contos, através de fatos e vivências de personagens, todos eles reais, mas devidamente protegidos pelo anonimato.

Convidamos você, leitor amigo, a estar conosco nessa nova jornada em busca do amor e do bem em nossas vidas, certos de que o Senhor nos ampara e abençoa.

HILÁRIO SILVA e VALÉRIUM

Ituiutaba, 31 de maio de 2018.

149
Visão pequena

Cap. VII – 1 e 2

Rafael Monteiro tinha muitas qualidades. Homem sincero. Cumpridor das obrigações. Honestidade a toda prova. Contudo, era um poço de orgulho.

Professor universitário, era respeitado na comunidade pela vasta cultura e como prestigiado especialista em matéria científica de alta relevância. Mergulhado em pesquisas, vivia no laboratório, estudando os seres microscópicos. Só acreditava nos próprios conhecimentos e tinha ojeriza às ideias religiosas. Por isso, ficou profundamente magoado ao saber que a esposa começara a frequentar uma instituição espírita e tivera acentuada melhora em seus problemas íntimos.

– É coisa de ignorante. Não serve – dizia ele, irritado.

Entretanto, como a esposa insistia em continuar os estudos doutrinários, Rafael proibiu-lhe a saída de casa. Quando o fato veio a público, o professor recebeu a visita de Filomena, diretora da instituição. Mulher simples. Gestos educados. Postura humilde.

A diretora começou a conversa, dizendo com respeito:

– Permita que sua esposa continue conosco.

O marido contestou com rispidez:

– Não admito intromissão em nossa vida.

A senhora baixou os olhos. Após alguns instantes de silêncio constrangedor, Filomena prosseguiu o diálogo:

– As reuniões lhe fizeram bem.

– Não é lugar para ela.

– Em nossa instituição, estudamos o Evangelho do Cristo e lá aprendemos as lições do bem. Procuramos enxergar a vida pela ótica da eternidade, reconhecendo que toda a grandeza do Universo é obra sublime de Deus.

– Não acredito nisso. É tudo superstição.

Ao perceber a dura resistência do dono da casa,

a diretora levantou-se para as despedidas e comentou, enigmática:

– Que pena! O senhor se acostumou...

E diante do olhar de interrogação do cientista, Joana imitou com as mãos as lentes do microscópio e concluiu, bem-humorada:

– O senhor se acostumou a ver tudo pequeno.

150
REINO DOS CÉUS

Cap. VII – 1 e 2

Os visitantes chegaram ao museu. Quando, porém, o segurança solicitou informações pessoais, um deles atendeu prontamente ao pedido.

Declinou o nome.

Apresentou os documentos.

Declarou-se cidadão comum.

Conversou com delicadeza.

Recebeu permissão para entrar.

Contudo, outro visitante portou-se mal.

Reagiu aos gritos.

Alegou importância pessoal.

Exibiu credenciais de poder.

Exigiu tratamento diferenciado.

Humilhou o funcionário.

Embora todos os seus títulos, o visitante agiu de tal modo com arrogância, que acabou impedido de visitar o museu.

*

Algo semelhante acontece conosco.

Abraçamos a causa religiosa.

Acumulamos conhecimentos.

Usamos a tribuna para pregações.

Dirigimos entidades assistenciais.

Promovemos a beneficência.

Lideramos movimentos fraternos.

Oramos com fervor.

Entretanto, apesar de tudo isso, se não tivermos humildade, estaremos ainda muito longe do reino dos Céus.

151
Crescimento

Cap. VII – 3 e 6

Julinho Mendonça não aparentava a idade que tinha. Rosto juvenil. Corpo miúdo. Voz delicada. Vinha de berço espírita e frequentava com assiduidade o grupo de estudos. Educado e prestativo, ajudava com eficiência na assistência fraterna. De comportamento simples, tinha a estima de todos. Contudo, mostrava forte dificuldade para compreender as coisas. Infecção grave na infância. Prejuízo da inteligência. Entendimento diminuído.

Por causa da aparência quase infantil, os companheiros brincavam com ele e diziam com carinho:

– Você é pequeno entre nós, mas será o maior no reino dos Céus. Não falta nada para criança.

Com o tempo, Julinho acabou acreditando na brincadeira. Não fazia segredo de sua opinião. Acreditava mesmo que chegaria à vida espiritual com privilégios e honras.

Ciente dos fatos, Jamiro, diretor da instituição, acercou-se dele para adverti-lo do engano. Começou a conversa e o diálogo aconteceu:

– É melhor não pensar assim. O caminho é a humildade e o dever fraterno, para que se tenha a paz de consciência na outra vida.

– Mas está escrito que o reino dos Céus pertence àquele que se pareça com a criança. É o meu caso.

– Jesus fez referência ao comportamento infantil para ressaltar a submissão ao Senhor e a simplicidade de coração. O que nos torna maiores no reino de Deus não é a aparência de criança, mas a humildade. É preciso crescer espiritualmente.

Julinho ficou quieto, mas logo exclamou, exaltado:

– Que vergonha, Jamiro! Espírita e contra a palavra do Cristo.

E sem dar tempo ao companheiro, disparou, irritado:

– Primeiro, não liga para criança. Depois, ainda manda crescer.

152
Porta de entrada

Cap. VII – 3 e 6

O cliente entrou na loja e foi atendido pelo balconista.

Concordou com as regras da casa.

Selecionou os tecidos.

Examinou os aviamentos.

Solicitou preços.

Observou detalhes.

Pediu explicações.

Em dado momento, o funcionário ficou irritado e respondeu com rispidez. O freguês, porém, comportou-se de maneira gentil.

Reagiu com humildade.

Não alterou a voz.

Falou educadamente.

Sorriu, compreensivo.

Esboçou gesto amigo.

Despediu-se com delicadeza.

Contudo, o dono da loja, que estava por perto e a tudo assistiu, abriu a porta de sua sala e convidou o cliente para entrar, tratando-o com deferência.

*

Este episódio mostra com clareza o valor do comportamento humilde. A transformação moral e o respeito às Leis Divinas são caminhos que levam ao reino dos Céus, mas não há dúvida de que a humildade é a porta de entrada.

153
Presidente

Cap. VII – 4 e 6

Narciso Mendes era conhecido. Voz impostada. Corpo empertigado. Gestos solenes.

Eleito para presidir a instituição de assistência, logo os companheiros perceberam que a convivência seria difícil. Durante as tarefas, Narciso ficava assentado e dava ordens o tempo todo. Distribuía o trabalho. Solicitava providências. Pedia explicações. Ele próprio não fazia nada.

Com o tempo, o clima de insatisfação foi crescendo no grupo. Apolinário, o trabalhador mais antigo do núcleo, resolveu conversar. Aproveitou uma tarde de domingo para visitar o novo presidente. Após os cumprimentos e a troca inicial de notícias, o colaborador tocou no assunto. Justificou sua presença ali. Fez um apanhado da situação. Depois, algo constrangido, comentou, mantendo o diálogo:

– Os companheiros estão preocupados.

– Por quê?

– Você manda e não faz.

– Sou autoridade. Devo mandar e os outros devem fazer.

– Não é assim que o Evangelho ensina. Jesus diz que o maior deve ser escravo do próximo e que Ele mesmo veio para servir, e não para ser servido. Esse é o nosso caminho.

– Não é o meu caso.

E, para maior surpresa do amigo, estufou o peito e falou com a costumeira empáfia:

– Eu sou presidente. Ele não era.

154
Servidor

Cap. VII – 4 e 6

O funcionário trabalhava o dia inteiro e até ultrapassava o horário normal de expediente.

Sem sinais de irritação.

Indiferença ao cansaço.

Semblante sereno.

Gentileza no relacionamento.

Entusiasmo contagiante.

Disposição permanente de servir.

Tinha a admiração e a estima de todos, pois estava sempre pronto a auxiliar os outros.

Completava as tarefas dos principiantes.

Ajudava os companheiros em dificuldade.

Pacificava os colegas em discórdia.

Supria a deficiência dos inexperientes.

Resolvia problemas e conflitos.

Solucionava reclamações.

De tal modo se dedicou ao serviço e ao próximo, que se tornou o funcionário mais importante e acabou sendo promovido a chefe do departamento.

*

Este exemplo materializa com clareza os ensinamentos de Jesus: o maior no reino dos Céus será sempre aquele que se fizer o servidor de todos.

155
O PERIGO

Cap. VII – 5 e 6

Quinca Bastos sempre esteve no Centro Espírita, desde criança. Começou com a escola de Evangelho, depois participou das atividades dos moços e, mais tarde, já adulto, tornou-se leal trabalhador do Grupo. Era bom companheiro. Estudioso. Dedicado à assistência fraterna.

Agora, mais velho, contava sua história com uma ponta de orgulho e, alegando ser o mais antigo frequentador da Casa, dizia ter direitos a mais. Qualquer que fosse o evento, sentava-se à mesa do salão principal, sem ser chamado.

A princípio, os companheiros ficaram sem jeito de falar com ele. Depois, a situação passou a incomodar, e um deles foi destacado a representá-los, com o objetivo de convencer Quinca a mudar de ideia. A conversa se deu pouco antes de reunião especial, na qual estaria renomado conferencista.

Gabriel foi encontrá-lo já na mesa. Foi direto ao assunto e abriu o diálogo sem rodeios, afirmando:

– A mesa é para os convidados.

– Tenho o direito.

– Jesus ensinou que não devemos disputar os primeiros lugares.

– Sou o mais antigo. Mereço o destaque.

A conversa continuou sem sucesso, até que Gabriel desistiu e comentou, irônico:

– Esse seu direito é perigoso.

O companheiro contestou com desdém:

– Qual o perigo?

E o representante explicou, destacando cada palavra:

– Sendo o mais antigo, o direito de ser o primeiro, entre nós, a partir para a vida eterna.

Quinca franziu o cenho e, levantando-se, falou depressa:

– Pensando bem, fico lá atrás.

Nunca mais foi para a mesa.

156
O PRIMEIRO

Cap. VII – 5 e 6

Quando se abriram as portas do Posto de Saúde, o funcionário passou a distribuir as senhas, observando os mais necessitados.

Começou com velhos e crianças.

Privilegiou as gestantes.

Trabalhou com atenção.

Não fez escolha pessoal.

Resistiu às investidas.

Manteve a disciplina.

Atendeu a todos.

Terminada a entrega das senhas, os clientes se acomodaram na sala de espera. Alguns, porém, comportaram-se de maneira deselegante.

Correram na frente.

Saltaram cadeiras.

Atropelaram os colegas.

Disputaram a primeira fila.

Causaram tumulto.

Contudo, quando se iniciou o atendimento, o primeiro a ser chamado foi o cliente, quieto e humilde, sentado na última fila.

*

Também nós, às vezes, nos comportamos com imprudência.

Recebemos o acolhimento fraterno da Doutrina Espírita, estudamos e participamos de grupos assistenciais. Contudo, quase sempre disputamos a posição de evidência, quando Jesus ensina que o primeiro no reino dos Céus é aquele que faz o bem aos outros, mas não esquece a própria humildade.

157
A EXPERIMENTAÇÃO

Cap. VII – 7 a 10

Eurico Grandini era realmente um sábio. Inteligência privilegiada. Cultura vastíssima. Homem prudente. Dedicava-se às pesquisas em determinado ramo do conhecimento, mas sabia de tudo. Era referência obrigatória a professores e alunos de famosa universidade, onde lecionava.

Apesar de cientista renomado, morava em bairro discreto, onde tinha a estima dos vizinhos e fazia amigos com facilidade. Contudo, o orgulho acadêmico era o defeito sério de Eurico. Não aceitava qualquer conhecimento que não passasse por experimentações científicas.

Essa era uma das poucas controvérsias com um engenheiro da vizinhança e, nas redondezas, seu amigo mais próximo. Joel, espírita por convicção, argumentava com o vizinho e dizia com firmeza:

– O conhecimento espiritual não passa por seu laboratório. E é real.

Eurico rebatia, enfático:

– O único conhecimento autêntico é o experimental.

E Joel ainda insistia:

– Você não admira e reconhece a grandeza de Deus em tudo o que sabe?

O cientista era irredutível e falava, irritado:

– Só o que se vê e apalpa é a realidade.

Eurico não mudava de opinião. O tempo passou e trágico acidente levou o engenheiro para a dimensão espiritual.

Certa noite, quando o cientista trabalhava até mais tarde no laboratório, sentiu forte saudade de Joel. De súbito, viu diante de si o amigo, falando, sorridente:

– A vida espiritual é real. Você não me vê? Pode apalpar.

Eurico arregalou os olhos e, em vez de confirmar a realidade, como sempre dizia a respeito das experiências, saiu em disparada, gritando por socorro.

158
O AJUDANTE

Cap. VII – 7 a 10

Acompanhado de simples ajudante, o cientista renomado pesquisava a mata.

Examinava tudo com atenção.

Descrevia detalhes.

Identificava espécies novas.

Dizia nomes científicos.

Gravava sons desconhecidos.

Fotografava a Natureza exuberante.

Fazia anotações minuciosas.

Ao final do dia, encerrado o trabalho, o caminho de volta ficou perdido. Depois que o cientista arrogante fez, ele mesmo, várias tentativas de achá-lo, sem sucesso, o ajudante assumiu a tarefa de descobrir a trilha de retorno.

Rastreou pegadas.

Notou os arbustos pisados.

Observou os sinais da picada.

Recordou referências.

Seguiu o curso d'água.

Logo estavam fora da mata fechada. Com toda a sua ciência, o pesquisador de renome não sabia de muitas coisas que o auxiliar simples e humilde conhecia.

*

É o que acontece na revelação espiritual.

Os simples e pequenos compreendem a Mensagem Divina e têm conhecimentos que os sábios e os orgulhosos não conseguem alcançar.

159
VERMELHINHO

Cap. VII – 11

O orgulho de Joana Pacheco não tinha limite. Mulher de mais idade. Bem de vida. Aparência cuidada. Viúva abastada, vivia sozinha.

Suas atitudes eram comentadas. Andava pela cidade e mal cumprimentava os conhecidos. Vez por outra, falava com alguém mais íntimo, mas sem descuidar da postura empertigada. Em qualquer circunstância, exibia inacreditável arrogância. Queixo erguido. Olhar altivo. Gestos de desdém. Chegava ao extremo de tapar o nariz diante dos necessitados que a abordavam em busca de auxílio. Os raros amigos advertiam:

– Sua atitude é antipática. Trate de mudar.

A viúva, porém, respondia com soberba:

– Sou diferente. Tão diferente, que meu sangue é do tipo mais raro.

Joana continuou a viver assim, até que sintomas incômodos a levaram ao médico. Diagnóstico preciso. Moléstia séria. Cirurgia urgente.

Quando convalescia, ainda no hospital, soube que necessitara de sangue e o doador fora pessoa muito pobre. Ficou nervosa. Quis conversar com o cirurgião. E o diálogo aconteceu:

– Transfusão, doutor?

– Sim, foi indispensável.

– Meu sangue é especial.

– Tivemos o doador certo.

A paciente fechou o semblante e perguntou com empáfia:

– Como é o sangue dele?

O médico, que já conhecia a fama da viúva, levantou-se da poltrona e falou, encerrando o assunto:

– É vermelhinho, como o seu.

160
ATITUDE HUMILDE

Cap. VII – 11

A mulher exibia forte revolta.

Gritava e pulava sem parar.

Puxava e arrancava os cabelos.

Rasgava os trapos que vestia.

Mostrava as crianças famintas.

Destampava as panelas vazias.

O encarregado da assistência foi humilde e prudente.

Ouviu as queixas com paciência.

Não devolveu agressões verbais.

Conversou com paz e bondade.

Tolerou e entendeu a situação.

Serenou a mulher e o ambiente.

Providenciou o necessário.

Solucionou as dificuldades.

Restabelecida a calma, a tarefa de auxílio à mulher exaltada só foi possível graças à atitude humilde do companheiro fraterno, que tudo superou para cumprir a missão caridosa.

*

Deve ser assim conosco.

Na vida em família, os parentes revoltados exigem altas doses de caridade, mas o socorro só vai acontecer se houver humildade suficiente para suportar suas agressões.

161
A moeda

Cap. VII – 11

Tininha da Praça recebera o apelido certo. Fazia ponto no pequeno largo, diante da agência bancária. Moça ainda. Compleição franzina. Aparência doentia. As vestes, raladas pelo uso, mal cobriam o corpo desnutrido pela miséria. Aproveitava o movimento do local para rogar auxílio. Uma moeda que fosse para o minguado pão de cada dia.

Era sozinha com o filho. O companheiro se fora. Ali, na praça, ficava por horas, esperando a caridade alheia. Em casa, o filhinho, cego e paralítico, no catre sem conforto, e que a vizinha olhava de favor.

O rosto sofrido e a humildade da jovem inspiravam compaixão e simpatia. Raros eram os indiferentes. A maioria ajudava, como se fosse obrigação diária.

– É pouco, Tininha, mas é o de hoje – dizia alguém, estendendo-lhe algum recurso.

– O pouco com Deus é muito – agradecia ela, contente e humilde.

Naquela tarde, a mulher empertigada parou diante da pedinte. Colares à vista. Pulseiras tilintando. Roupa vistosa. De tal forma sua presença chamou a atenção, que logo algumas pessoas se reuniram em torno delas.

A desconhecida atirou uma moeda no colo da mendiga e, olhando-a de cima, começou a conversa:

– É moça. Por que pede?

– Preciso, dona.

– E o trabalho?

– Não tenho saúde.

– Mas sai de casa.

– É o que posso.

– Exploração, moça.

– Precisão, senhora.

– Falta de vergonha.

A infeliz sentiu o golpe, baixou os olhos e começou a chorar baixinho. O jardineiro da praça, um dos presentes no grupo em volta, tomou a palavra e falou, revoltado com a cena:

– A senhora pôde ajudar a Tininha, sua moeda vai matar a fome do filho dela. Mas para a senhora não existe ajuda.

A mulher empinou o rosto e, já ensaiando a retirada, comentou com rispidez:

– Ajudar a mim? Que petulância!

O jardineiro, porém, não perdeu tempo e explicou, sob o aplauso dos presentes:

– Não existe moeda no mundo que acabe com o orgulho.

162
Ocasião

Cap. VII – 11

A mulher espalhou no bairro sua história a respeito do morador.

Alegou desonestidade.

Detalhou prejuízo.

Referiu-se à injustiça.

Falou em hipocrisia.

Relacionou mágoas.

Relatou falta de sentimento.

Denegriu-lhe o caráter.

Em pouco tempo, o morador percebeu mudanças em sua convivência diária.

Vizinhos negaram cumprimentos.

Familiares viraram as costas.

Companheiros se afastaram.

Entretanto, apesar da revolta em razão da falsidade da história, o morador reagiu com humildade e suportou com coragem as agressões, pois sua consciência estava em paz e podia esperar pela justiça da verdade.

*

O seguidor do Cristo também está sujeito às acusações falsas, e as calúnias quase sempre surgem dos interesses pessoais dos acusadores. O trabalhador do Evangelho, então, passa por constrangimentos e sofre a indiferença dos mais próximos.

Contudo, embora a indignação por causa da injustiça, convém ter calma diante das agressões verbais, pois a Misericórdia Divina permite as humilhações de hoje como preciosa ocasião para se entender que o orgulho de outros tempos não valeu a pena.

163
A FALTA

Cap. VII – 11

Carlota Mendes tornara-se realmente a benfeitora dos pobres. Mulher de posses. Prestígio social. Posição elevada.

Era admirada pela obra assistencial. Toda semana visitava os bairros mais carentes da cidade. Caminhonete abarrotada de sacolas. Motorista. Empregados. De casa em casa, com roteiro previamente determinado, distribuía alimentos, providenciava roupas e calçados, aviava receitas médicas. Contudo, não descia do carro, apenas acenava aos beneficiados.

Apesar da dedicação à beneficência há longo tempo, Carlota não vencera o orgulho. Só dava atenção aos iguais. Evitava a presença de pessoas de condição social diferente.

Naquela manhã, ficara sabendo que uma das assistidas tinha perdido o filho, em acidente trágico, havia poucos dias. Casa ainda cheia. Familiares. Parentes de fora. Visitas. A família recebeu a doação em dobro.

Contudo, a generosa benfeitora não foi até lá. De longe, sem sair da caminhonete, acenou aos presentes, como fazia sempre. Um dos empregados, porém, aproximou-se da dona da casa e iniciou a conversa.

– A doação chegou na hora – comentou ele, sorridente.

– Sempre chega – retrucou ela, agradecida.

E o diálogo prosseguiu:

– É o suficiente?

– É, mas faltou o que mais preciso.

O funcionário ficou surpreso, pois a doação fora abundante e completa. Perguntou, intrigado:

– O que a senhora mais precisa?

E a mãe, olhando, resignada, para a benfeitora que se afastava, respondeu com voz tristonha:

– Hoje, só me bastava um abraço.

164
Bezerro de ouro

Cap. VII – 11

O diretor do Parque foi até aos visitantes para as recomendações necessárias, a fim de que a excursão fosse proveitosa e segura.

Orientou quanto ao roteiro.

Apontou o rumo ideal.

Recomendou prudência.

Citou as trilhas enganosas.

Preveniu contra os perigos.

Pediu atenção aos avisos de segurança.

Esclareceu dúvidas.

Entretanto, a situação tornou-se completamente diversa quando os visitantes se afastaram do diretor.

Desprezaram as orientações.

Tomaram decisões próprias.

Seguiram por caminhos perigosos.

Alteraram as rotas estabelecidas.

Desfiguraram a natureza da excursão.

Essas mudanças levaram a enorme confusão, pois os visitantes, ao desrespeitarem os avisos do diretor, ficaram perdidos na vastidão do Parque.

*

Esta cena lembra-nos de fato semelhante nos dias atuais.

Assim como aconteceu com as lições de Jesus no Evangelho, também os ensinamentos do Espiritismo têm sido desrespeitados.

Tal situação decorre do orgulho e da prepotência de alguns espíritas que tentam substituir a Codificação Kardequiana por suas próprias teorias, numa repetição grotesca do episódio bíblico que relata a construção do bezerro de ouro, no lugar do Deus verdadeiro.

165
Os dedos

Cap. VII – 12

Felisberto Carrero sempre fora muito simpático, até assumir a chefia do departamento. Funcionário de poucos recursos materiais, morava em bairro distante e simples. Afável com a vizinhança. Muitos amigos. Reuniões domingueiras.

Contudo, depois da promoção, transformou-se. Tornou-se orgulhoso e prepotente. Desde então, passou a se isolar em seu posto. Humilhava os subalternos. Tratava com rigor os antigos companheiros. Reunia-se agora, em sua casa, com os superiores, os quais recebia com rara gentileza.

Tal mudança incomodava Tarcísio, o único colega de trabalho que o chefe conservou em seu círculo mais íntimo. Adepto do Espiritismo, o velho amigo argumentava com preocupação:

– Suas atitudes são estranhas. Somos filhos do mesmo Criador. A reencarnação ensina que nascemos várias vezes, em situações diversas, mas todos somos iguais perante Deus.

Entretanto, o novo chefe respondia, espalmando a mão:

– Todos os dedos nascem da mesma mão, mas são diferentes. Alguns mais importantes do que outros.

O tempo passou. O clima no departamento continuava o mesmo, mas Tarcísio solicitava aos colegas compreensão e paciência.

Até que, um dia, Felisberto adoeceu e precisou de repouso prolongado. Ficou sozinho. Sentiu falta de apoio fraterno. Pediu a presença dos antigos companheiros e vizinhos. O reencontro foi emocionante. Felisberto rogou perdão por seu comportamento e chorou junto com os velhos amigos.

Tarcísio, feliz com as novidades, aproximou-se do enfermo e, mostrando-lhe a mão espalmada, falou, sorridente:

– Lembra-se disso? Você dizia a verdade.

O dono da casa balançou negativamente a cabeça e fechou os olhos, em sinal de repulsa. O amigo, porém, completou, às gargalhadas:

– Os dedos são diferentes, mas estão sempre juntos.

166
Réus

Cap. VII – 12

O movimento na loja de variedades era intenso.

Corredores repletos de pessoas.

Trânsito vagaroso.

Fregueses impacientes.

Caixas abarrotadas.

Balconistas esbaforidos.

O homem chegou e exigiu atendimento rápido. Quando, porém, o gerente deu explicações a respeito da demora, seu comportamento surpreendeu.

Reagiu com arrogância.

Desprezou o funcionário.

Esmurrou o balcão.

Aumentou o tom de voz.

Ameaçou outros clientes.

Não houve alternativa. Passou pelo constrangimento de ser contido pelos seguranças da loja e encaminhado às autoridade legais.

*

Muitas vezes, agimos de maneira semelhante.

O Evangelho ensina o comportamento humilde e benevolente, mas maltratamos o próximo.

Perdão é quimera.

Indulgência não existe.

Tolerância é raridade.

Agimos como donos da verdade e, embora nos imaginemos juízes da situação, na realidade somos réus de nossas próprias inconsequências.

167
Obra do acaso

Cap. VII – 13

Celso Belmonte tinha inteligência privilegiada. Menino precoce. Adulto brilhante. Professor laureado. Lecionava na Universidade e trabalhava em projetos científicos, cujas conclusões eram publicadas no mundo inteiro.

Contudo, era tão orgulhoso quanto inteligente. Durante as aulas e conferências, exibia enorme arrogância. Ridicularizava as crenças na vida futura e não admitia a existência do Criador, induzindo os ouvintes ao ateísmo.

Essa postura era contestada pela maioria dos professores e alunos, mas o prestígio de Celso impedia qualquer atitude. Até o dia em que foi aparteado por um aluno, durante a aula magistral que abria os cursos do ano letivo.

Tiago, jovem espiritualista, ousou discordar do mestre. Após a escaramuça inicial com respeito às crenças religiosas e à vida além da morte, a discussão acabou com rápido diálogo, provocado pelo aluno:

– O senhor nega Deus, mas toda obra tem um autor. Como se explica o Universo?

– É obra do acaso.

– E a Natureza tão diversificada, a vida, os sentimentos, a própria inteligência?

– É o acaso.

– Por que devo acreditar no que diz?

– Porque tenho pesquisas que provam.

O silêncio era total. Tiago deu um suspiro e disparou, sério:

– Não tem nada.

E para o espanto de todos e sob intenso aplauso, concluiu depressa:

– É tudo obra do acaso.

168
VOLTA

Cap. VII – 13

O melhor mecânico da oficina, conhecido por sua inteligência, foi destacado pelo chefe para importante trabalho.

Leu os planos.

Observou detalhes.

Examinou os desenhos.

Verificou os cálculos.

Ouviu explicações.

Contudo, apesar da recomendação para seguir à risca o planejamento, procedeu de maneira arrogante.

Discordou do chefe.

Mudou os planos.

Alterou os desenhos.

Refez os cálculos.

Agiu por conta própria.

Quando entregou o trabalho modificado, foi imediatamente destituído pelo chefe, ficando em posição inferior àquela que antes ocupava na oficina. Embora inteligente, perdeu as regalias por causa do orgulho.

*

Esta história nos lembra de que os Espíritos dotados de elevada inteligência reencarnam para determinadas tarefas e imprimem, na própria consciência, objetivos definidos.

Obediência a Deus.

Compromisso com o bem comum.

Responsabilidade para com o progresso.

Entretanto, se sucumbem à tirania do orgulho, empregam mal a inteligência e não cumprem os planos traçados, são punidos pelo Código Divino, que lhes retira as prerrogativas intelectuais, e eles voltam ao corpo físico, em novas vidas, para experimentar dolorosos processos de deficiência mental.

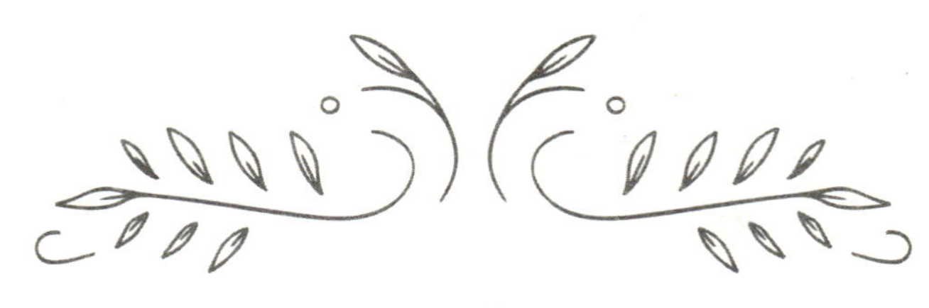

169
Preocupação

Cap. VIII – 1 a 3

Bento Salgueiro era diferente. De família espírita, frequentava a instituição havia muitos anos. Apesar do corpo enorme e da voz grossa, tinha a candura de uma criança. Ingenuidade extrema. Comportamento humilde. Postura de menino. Quando contrariado, porém, ficava irreconhecível. Protestava alto. Batia os pés. Dava birra.

Contudo, em razão de suas atitudes infantis, era adorado pelos alunos da evangelização. Misturava-se aos pequenos. Brincava com eles. Comparecia às festividades. Foi por isso que, com grande tristeza, espalhou-se a notícia de sua morte. Acidente de rua. Atropelamento grave.

Após alguns dias do acontecimento, passado o impacto inicial, houve acesas discussões entre os companheiros. A instituição era simples e os componentes tinham pouca instrução. Discutiam a respeito da situação espiritual de Bento. Alguns diziam, conformados:

– Parecia uma criança. Está no Céu.

Outros, porém, contestavam:

– Não é fácil entrar no Céu.

Os debates foram ficando cada vez mais acalorados, até que Jandiro, o mais instruído entre todos e o responsável pelos estudos, teve de intervir na discussão. Silêncio. Expectativa. Atenção.

O diretor raspou a garganta e começou a falar:

– É necessário estudar mais. Jesus usava de comparações para ensinar o Evangelho. Não podemos ficar na letra. Precisamos tirar o espírito do ensinamento.

Nesse instante, um dos frequentadores levantou o braço e comentou, preocupado:

– Não podemos tirar o espírito do ensinamento. Vai ser horrível.

Jandiro não entendeu e perguntou, encabulado:

– Horrível? Por quê?

E o companheiro explicou, aflito:

– Se tirarmos o espírito do ensinamento, ele morre.

A reunião acabou na hora.

170
Reino de Deus

Cap. VIII – 1 a 3

Quando foi indicado para cargo mais alto na empresa, o diretor mudou o comportamento.

Ficou arredio.

Agiu com arrogância.

Isolou-se no gabinete.

Intoxicou-se de vaidade.

Desmereceu os colegas.

Mostrou egoísmo.

Tornou-se afetado.

Afastou-se dos companheiros.

Maltratou os subordinados.

Tomou atitudes ríspidas

Entretanto, tal situação durou pouco, pois de tal modo cresceram os protestos entre os funcionários, que o diretor teve a oportunidade cancelada e não entrou na lista de promoções.

*

Situação semelhante acontece em nosso meio.

Irmãos dedicados à causa do Evangelho imaginam-se às portas do reino celeste e agem de maneira soberba.

Acham-se imprescindíveis.

Sentem-se melhores do que os outros.

Adotam postura arrogante.

Contudo, apesar do trabalho que realizam, têm dificuldade para atravessar o portal do bem, pois a entrada no reino de Deus é para aqueles que seguem adiante na leveza da humildade e do amor, deixando para trás o peso do orgulho e do egoísmo.

171
A PERGUNTA

Cap. VIII – 2 a 4

Jesualdo Góis era respeitado na instituição. De corpo franzino e voz anasalada, coordenava com eficiência as atividades de assistência fraterna.

Trabalhador incansável, estava presente em todos os setores. Enérgico, não aceitava falhas no serviço. Onde houvesse uma necessidade, lá estava o competente tarefeiro para a providência imediata.

Tal era a admiração por seu trabalho, que os companheiros comentavam, convictos:

– É exemplo de amor ao próximo. Está garantido no mundo espiritual.

Contudo, apesar de toda a dedicação ao socorro dos necessitados, o benfeitor não escondia uma ponta de arrogância. Descendente dos fundadores da pequena cidade, não se desligara do orgulho de família. Esforçava-se, mas não conseguia.

Certa vez, durante palestra, em que o tema era a importância da humildade e da pureza de coração na entrada ao reino dos Céus, Jesualdo interrompeu o orador. Queria saber se a assistência fraterna conduzia ao reino de Deus.

– Claro que sim – respondeu o orador.

– Ajudar os pobres? – insistiu o tarefeiro.

– É o caminho – confirmou o conferencista.

E o diálogo prosseguiu:

– Vestir os maltrapilhos?

– É o rumo exato.

– Assistir os doentes?

– É a estrada correta.

– Socorrer os infelizes?

– É a rota certa.

Nesse ponto da conversa, Jesualdo tossiu. Algo inibido, arriscou a pergunta que o atormentava. Indagou, quase trêmulo:

– Aquele que auxilia o próximo, mas ainda tem um tanto de orgulho, também chega ao reino dos Céus?

O orador respondeu, sorrindo:

– Chega, sim.

E, antes que a surpresa dos presentes se tornasse murmúrio, explicou:

– Chega, mas não entra.

172
Ostentação

Cap. VIII – 2 a 4

A jovem se dirigiu para a festa com grande ostentação.

Automóvel luxuoso.

Motorista próprio.

Sapatos da moda.

Vestido exclusivo.

Estola bordada.

Maquiagem bem feita.

Penteado elegante.

Tiara na cabeça.

Colar de rara beleza.

Brilhantes nos dedos.

Entretanto, somente quando chegou ao local e foi

impedida de entrar, a jovem percebeu que fora convidada para uma festa infantil e o traje exigido era simples e informal.

*

Situação semelhante acontece com muitos companheiros que fazem divulgação doutrinária.

Sobem à tribuna com pompa.

Têm a palavra fácil e atraente.

Enfeitam o discurso com verbo sedutor.

Passam todo o tempo se ostentando e, quando chegam às portas do reino dos Céus, não conseguem entrar, pois esqueceram, durante a experiência no corpo físico, que o convite para o reino de Deus pede humildade e simplicidade.

173
Pecado

Cap. VIII – 5 a 7

Maria do Céu fazia jus ao nome. Dedicada à beneficência, era o amparo dos carentes e dos enfermos. Presença simpática. Oradora capaz. Cabeça criativa.

Presidente da instituição, exercia o mandato com dinamismo. Dirigia com seriedade as reuniões espirituais e a evangelização. Cuidava da assistência fraterna com entusiasmo. Organizava festivais e campanhas para arrecadação de recursos. Comparecia às visitas domiciliares. Estimulava a confecção de roupas e enxovais para recém-nascidos. Incrementava a distribuição de alimentos e agasalhos em épocas especiais.

De tal forma seu trabalho era marcante, que os assistidos da entidade diziam, sorridentes:

– Dona Maria é do céu mesmo.

Contudo, em certa ocasião e em virtude de conversas domésticas, passou a desconfiar da companheira de tarefas que mais admirava. Começou a pensar o pior a respeito dela. Comentou o assunto com Arlete, colega mais íntima. A amiga ponderou, reticente:

– Não acredito que ela seja assim.

A outra, porém, respondeu, com mágoa:

– Estou decepcionada. Vou denunciá-la, se ela me der o menor motivo.

A partir de então, Maria do Céu afastou-se discretamente da companheira, que, mesmo percebendo a mudança, continuou a trabalhar com eficiência e não deu o pretexto que a desafeta esperava. Além disso, o tempo mostrou que a notícia má sobre ela era distorcida.

Quando se encontraram, Arlete comentou, em brincadeira:

– Maria, você não é tanto do Céu. Pecou pelo pensamento. E ainda ficou devendo à companheira, que lhe evitou pecado maior.

A presidente rebateu, com veemência:

– Eu, devedora? Pecado maior? O que é isso?

E a amiga justificou, bem-humorada:

– Você pensou no mal. Só não o fez, porque não teve oportunidade.

Maria do Céu calou-se e sorriu amarelo.

174
O MELHOR

Cap. VIII – 5 a 7

O jornalista trabalhava havia longo tempo na empresa.

Funcionário responsável.

Pesquisador arguto.

Repórter competente.

Escritor de talento.

Colunista apreciado.

Caráter íntegro.

Sentimentos elevados.

Boas maneiras.

Quando, porém, soube que alguém havia espalhado falsidades a seu respeito, começou a alimentar a ideia de vingança.

Conhecia a vida do autor.

Sabia de suas atividades pessoais.

Reuniu material de denúncia.

Fez anotações virulentas.

Entretanto, apesar das facilidades para a divulgação do panfleto, o jornalista preferiu não fazê-lo. Resistiu ao pensamento de desforra e à ocasião de executá-lo, com a certeza de que o tempo era o melhor juiz para o caso.

*

Este é o comportamento que nos favorece em certos momentos.

Bastas vezes, na família e no grupo de trabalho, acontecem situações de agravo. Notícias falsas, insinuações e falatórios fazem surgir ideias de retaliação em familiares e companheiros.

Contudo, mesmo tendo a oportunidade de praticá-lo, o melhor é renunciar ao pensamento mau e, com a consciência em paz, entregar aos cuidados da Justiça Divina os autores de comentários sem fundamento, que fazem a infelicidade alheia.

175
Doçura

Cap. VIII – 8 e 10

Nonoca Dantas era conhecida no bairro. Professora atuante. Cabelos grisalhos. Corpo esbelto.

Tinha verdadeira atração por serviços religiosos. Frequentava diariamente as casas de oração. Onde houvesse reunião de preces, lá estava ela em atitude contrita. Olhos fechados. Mãos postas. Lábios se movendo em rezas prolongadas.

Contudo, apesar da postura religiosa, a professora guardava rancor com facilidade. Qualquer palavra ou gesto que lhe causasse desagrado era motivo para que o autor da suposta ofensa fosse o alvo de críticas ferozes e referências desairosas. De nada adiantavam os conselhos de companheiras. A reação era sempre a mesma.

Quando Nonoca teve sério desentendimento com vizinho próximo, Serafim, velho amigo e espírita experiente, interferiu para apaziguar os ânimos. Foi conversar com a irritada professora e sustentou com ela o seguinte diálogo:

– Não resolve tanta religião, se falta caridade.

– Se me desagradam, tenho de reagir.

– Use o perdão e a tolerância.

– A ofensa azeda meu coração.

– Jesus falou que o que sai pela boca nasce do coração. Mude, pois, seu interior. Coloque nesse coração azedo a doçura da indulgência.

Nonoca se calou. Depois, disse com seriedade:

– Não vai dar certo.

E, olhando fixamente o amigo, concluiu, pensativa:

– Doce com azedo. Dá confusão. Vai ser abraço com mordida.

E encerrou o assunto.

176
O CARVOEIRO

Cap. VIII – 8 e 10

O carvoeiro era respeitado em seu meio.

Homem sério.

Conduta íntegra.

Trabalhador correto.

Conversa sincera.

Atitudes educadas.

Opiniões sensatas.

Bom chefe de família.

Companheiro leal.

Entretanto, o trabalho áspero e a vida sofrida alteraram-lhe as feições.

Queimaduras no rosto.

Olhos vermelhos.

Pele encardida.

Cicatrizes no corpo.

Mas, apesar de sua conduta responsável, o carvoeiro, quando esteve na cidade para as compras, foi barrado pelos seguranças na porta do estabelecimento comercial, sob a alegação de que sua aparência não recomendava a entrada no recinto.

*

Situação semelhante pode acontecer conosco.

É natural que, na convivência diária, o aspecto físico seja o primeiro contato com os outros. Contudo, diante do próximo, tenhamos o cuidado de não valorizar mais a forma com que se apresenta do que o bom conteúdo que ele guarda na própria intimidade.

177
A barba

Cap. VIII – 9 e 10

Josivaldo Cortes era campeão da beneficência. Coração generoso. Disposição para servir. Trabalhador incansável.

No grupo de assistência fraterna, todo o serviço de socorro aos necessitados dependia de sua palavra e orientação. Distribuição de alimentos e roupas. Cobertores e agasalhos. Enxovais para bebês e visitas domiciliares. Dirigia as atividades com amor e devotamento. Além disso, sempre tinha uma palavra amiga a quem dele se acercasse.

Contudo, não ligava muito à aparência física. Era conhecida sua resistência a raspar os poucos pelos que trazia no rosto. Andava sempre com a barba rala por fazer.

Quando, em certa ocasião, o grupo decidiu visitar conceituado membro da comunidade, em busca de recursos para as tarefas assistenciais, houve acesa polêmica em torno de Josivaldo. Discutia-se a conveniência de sua presença na comissão.

– Ele nem faz a barba – disse um diretor.

– Ele é a alma da assistência – comentou outro.

Após longa discussão, decidiu-se pela consulta ao companheiro. Belarmino, presidente da instituição, foi escalado para a conversa. Explicou a situação. Referiu-se à aparência. Solicitou mudança de hábito.

Josivaldo ouviu, calado. Depois, dialogou com o presidente:

– Belarmino, você sabe que meu trabalho nasce do coração.

– É verdade.

– Sabe também que Jesus disse que o interior é mais importante do que o exterior.

– Sim, disse.

– Então, você não entendeu o Evangelho.

Belarmino carregou o semblante, contrariado. E Josivaldo, colocando as mãos sobre o peito, completou, sorridente:

– Esquecem o que sou aqui dentro e ficam preocupados com minha barba cá de fora.

A conversa acabou.

178
O INTERIOR

Cap. VIII – 9 e 10

A noiva se esmerou para a cerimônia de casamento.

Equipe especializada.

Estilista da moda.

Cabeleireiro especial.

Manicure exclusiva.

Joalheiro à disposição.

Maquiador qualificado.

Auxiliares ágeis.

Quando apareceu em público, houve prolongada exclamação.

Vestido longo.

Cauda extensa.

Bordados e rendas.

Pedrarias.

Aplicações raras.

Arranjos nos cabelos.

Flores nas mãos.

Contudo, a aparência externa escondia uma desagradável realidade, pois a noiva usava, por baixo da roupa deslumbrante, peças íntimas de qualidade inferior.

*

Coisa assim acontece nos grupos religiosos.

Companheiros surgem, na seara do Evangelho, cobertos de atenção.

Oradores brilhantes.

Verbo inflamado e fascinante.

Presença sedutora.

Entretanto, logo que são levemente contrariados, revelam o interior repleto de arrogância e preconceitos.

179
A mão

Cap. VIII – 11 a 17

José Leal era exímio na costura. Mão firme. Alinhavo bem feito. Hábil na agulha e na máquina. Era o oficial preferido dos bons alfaiates. Ninguém costurava um terno como ele. Embora chegado em idade, tinha inteira dedicação ao ofício e trabalhava diariamente.

Espírita, frequentava os estudos e a assistência fraterna, colaborando com eficiência nas tarefas de auxílio aos necessitados. Sua bondade e conduta correta eram motivo de admiração.

Quando foi surpreendido pelo acidente, as consequências foram lamentáveis. Apesar de todo o esforço médico, sua mão direita sofreu tantos danos que precisou ser amputada.

Abelardo, velho companheiro e conhecido pelo

temperamento mordaz, estava sempre presente e confortava o amigo com a troca de ideias em torno da reencarnação e dos ensinamentos espíritas. Dizia-lhe, com ênfase:

– São dívidas do passado. E você teve o merecimento da cobrança tardia. Já é hora mesmo de parar o serviço, descansar.

O costureiro, porém, retrucava, pensativo:

– Em alguma época, minha mão foi objeto de escândalo. Agora, foi arrancada. Estou pagando pelos erros antigos. Ainda bem que Jesus afirmou que é melhor entrar no reino dos Céus com uma só mão do que ter as duas e sofrer os efeitos do mal praticado. Vou tranquilo para a outra vida.

O companheiro olhou de soslaio o enfermo e comentou, com desconfiança:

– Nem tanto.

José Leal estranhou a contestação e perguntou, contrariado:

– Por que não?

E Abelardo, estragando o ânimo do amigo, explicou, matreiro:

– Você escandalizou com uma mão, mas a outra deve ter ajudado.

180
Escândalo

Cap. VIII – 11 a 17

Por onde passou durante as madrugadas, o homem provocou estragos.

Arrancou placas de sinalização.

Quebrou luminárias dos postes.

Pisoteou a grama dos jardins.

Avariou semáforos.

Apedrejou vidraças.

Pichou muros.

Riscou a pintura de automóveis.

Esvaziou pneus de veículos.

Acionou interfones, sem motivo.

Destruiu canteiros das praças.

Em razão dos atos perniciosos, o homem foi logo

detido e julgado pelas autoridades competentes, recebendo a punição cabível aos delitos praticados.

*

Situações parecidas ocorrem na jornada evolutiva.

Irmãos ainda enredados na teia do mal se escondem atrás dos cochichos e causam estragos onde convivem.

Distorcem acontecimentos.

Tecem pretextos ofensivos.

Agridem a dignidade alheia.

Espalham falatórios maldosos.

Estridente, ou em surdina, a atitude escandalosa, de acordo com o sentido do Evangelho, é assunto da Lei de Causa e Efeito. Contudo, quanto ao autor do escândalo, o melhor que se faz é deixá-lo aos cuidados da Autoridade Divina.

181
As crianças

Cap. VIII – 18

Havia muito, João Custódio se dedicava à beneficência. Era bem de vida. Fazendeiro realizado. Cidadão de prestígio. Tivera sucesso nos negócios e acumulara apreciável patrimônio. Contudo, nunca esquecera o compromisso com o próximo. Ajudara na construção e bancava o sustento de várias entidades assistenciais.

Com os cabelos já grisalhos e depois de momento difícil na vida, conhecera o Espiritismo. Desde então, passara a frequentar a assistência fraterna e os estudos semanais. Tomou conhecimento mais amplo do Evangelho e ficou impressionado com a referência de Jesus às crianças.

Certa noite, após as tarefas, anunciou sua decisão. Resolvera dar maior tempo ao trabalho de assistência à infância. Comentou, eufórico:

– Vou estar perto do temperamento infantil. Jesus disse que aquele que não receber o reino de Deus como as crianças não entrará nele. Quero aprender com elas.

Os companheiros ouviram com surpresa a notícia. Moacir, o mais experiente nos estudos, argumentou:

– Jesus realmente tomou a infância como modelo de pureza. Aproveitou a presença daquelas crianças para realçar a simplicidade e a humildade como condições imprescindíveis à entrada no reino dos Céus. Entretanto, é a transformação moral que leva à conquista dessas qualidades.

João Custódio, porém, estava decidido. Fundou uma instituição de amparo à infância e, diariamente, em horário certo, oferecia farta e nutritiva refeição às crianças.

Participava ele mesmo das atividades. No início, era todo entusiasmo. Com o tempo, no entanto, foi percebendo a dificuldade de manter a disciplina e a harmonia entre os pequenos. Passou a ser alvo de chacotas. Palavras desrespeitosas. Agressões verbais. Por fim, desistiu. A assistência prosseguia, mas João Custódio ficava distante.

Quando Moacir foi visitá-lo na instituição, indagou, preocupado:

– O que aconteceu?

O benfeitor respondeu, abatido:

– Não deu certo. Aquelas crianças do Evangelho eram diferentes e serviam de modelo para ganhar o reino de Deus.

Dirigiu o olhar triste para o amigo e desabafou:

– Essas daqui não levam ninguém para o Céu.

182
O CHAFARIZ

Cap. VIII – 18

A capital era verdadeiro exemplo de modernidade.

Arquitetura avançada.

Prédios ousados.

Edifícios diferentes.

Praças geométricas.

Avenidas monumentais.

Viadutos artísticos.

Esculturas originais.

Lago sinuoso.

Setores estilizados.

Traçado perfeito.

Entretanto, no centro da cidade, velho chafariz chamava a atenção.

Localização de destaque.

Construção arcaica.

Desenho ultrapassado.

Desgaste evidente.

Uma placa, porém, justificava a manutenção do chafariz. Era homenagem aos pioneiros que tiveram a preocupação de favorecer a antiga aldeia com água de qualidade e acesso mais fácil.

O que parecia ser um erro de planejamento urbano era medida justa e acertada.

*

Passagens do Evangelho também chamam a atenção, porque parecem contrariar a essência do ensino do Cristo.

Contudo, o Espiritismo é o Consolador de que fala Jesus e veio para esclarecer o que não foi entendido e complementar as lições da Boa Nova, razão pela qual a explicação espírita alarga os horizontes do conhecimento espiritual e transforma supostos erros em verdades perfeitamente compreensíveis.

183
A INTERPRETAÇÃO

Cap. VIII – 19

– Por que as crianças? E os adultos de boa formação, ficamos longe do reino de Deus?

Zildinha Barbosa expunha suas dúvidas na reunião de estudos. Mulher sofrida. Temperamento forte. Conduta irrepreensível.

No entanto, apesar de exemplo de austeridade e correção, era um poço de amargura. Viúva muito nova, não aceitara a ideia de nova união e, sozinha, cuidara da família. Filhos pequenos. Vida difícil. Trabalho penoso.

Nessa época, conhecera o Espiritismo e, desde então, os ensinamentos doutrinários foram-lhe de grande valia na sustentação do equilíbrio íntimo. Contudo, tinha dificuldade para entender os detalhes da lições. Januário, diretor dos estudos, vinha sempre em seu socorro.

Naquela ocasião, o assunto era a passagem do Evangelho em que Jesus chamava para perto de si as crianças. O diretor assumiu a palavra e começou a esclarecer a companheira:

– Está claro que o Mestre Divino tomou a infância como modelo para a conquista do reino de Deus. Quis dizer que é preciso ter, como as crianças, coração puro, obediência, simplicidade, alegria de viver nas ações. Qualquer adulto de bom comportamento, para entrar no reino dos Céus, haverá de ter atitudes parecidas com essas.

Zildinha prestou atenção à fala do companheiro. Ficou pensativa. Depois, em atitude incomum, comentou:

– Esta é sua interpretação. E tem exageros. Acho que Jesus não quis dizer tudo isso. Pureza de coração, obediência e simplicidade são importantes.

Parou um pouco. E, pensando na própria experiência de vida, emendou, contrariada:

– Agora, alegria de viver na miséria, isso é demais.

184
Caminhoneiro

Cap. VIII – 19

O caminhoneiro estava preparado para o trabalho.

Caminhão moderno.

Cabine vistosa.

Carroceria ampla.

Motor possante.

Pneus resistentes.

Durante o serviço, porém, havia dificuldades.

Viagens repetidas.

Rotas complicadas.

Trânsito pesado.

Calor durante o dia.

Frio na madrugada.

Chuvas torrenciais.

Nevoeiro denso.

Estradas perigosas.

Trechos esburacados.

Cansaço inevitável.

Entretanto, o gosto pelo trabalho era tal, que neutralizava os inconvenientes, e o caminhoneiro viajava longas distâncias com sorriso nos lábios e tranquilidade ao volante.

*

Nas rotas da evolução, também acontecem transtornos.

Conduzindo seu veículo físico, na reencarnação, o Espírito é como um caminhoneiro que percorre as estradas do tempo e lida com aflições de variada natureza.

Contudo, se tiver suficiente amor para cicatrizar as feridas abertas pelas provações dolorosas, a jornada rumo à perfeição, apesar dos momentos difíceis, será de alegria interior e paz na consciência.

185
Os olhos

Cap. VIII – 20

Januária Cerqueira vivia no condomínio havia muitos anos. Corpo pequeno. Rosto miúdo. Olho esperto.

Moradora antiga do bairro, tinha fama de espionar a vida alheia e passar adiante. Tal era seu desejo de ver o que se passava com os outros que, uma vez, foi agredida por vizinha, revoltada com essa atitude.

A moradora curiosa não se dava conta do uso impróprio que fazia da visão e comentava, indiferente:

– Digo só o que vejo.

Simpatizante do Espiritismo, Januária frequentava as reuniões de estudo e lá ouvia ponderações a respeito de sua conduta. Madalena, a companheira mais chegada, dizia-lhe, com preocupação:

– O que entra pela vista tem de ser analisado com bom senso e discernimento. É preciso agir de tal forma, que o que vemos não provoque confusão e estragos. A Lei de Causa e Efeito pune com rigor o olho que é motivo de escândalo.

Januária, porém, não mudava. Certo dia, subiu ao muro para presenciar desentendimento conjugal de vizinhos. Caiu e bateu com o rosto no chão. Quando chegou para os estudos, estava com os olhos inchados e roxos. Explicou-se logo, evitando as perguntas dos companheiros:

– Foi engano daquela Lei de Causa e Efeito.

E, sem perda de tempo, disfarçando seu comportamento inconveniente, encerrou o assunto, nervosa:

– A Lei errou. O casal fez o escândalo e meus olhos é que pagaram.

186
Cegueira

Cap. VIII – 20

O jovem emissário do governo chegou para escolher o representante oficial na cidade e recebeu das autoridades locais todo o apoio.

Hospedagem confortável.

Transporte à disposição.

Gabinete montado.

Material completo.

Comunicação imediata.

Secretário competente.

O jovem vinha precedido da fama de observador arguto, dotado de visão infalível em sua área de atuação e capaz de enxergar os menores detalhes do comportamento alheio. Logo, começou a trabalhar, procedendo à seleção.

Entrevistou candidatos.

Leu currículos.

Estudou potencialidades.

Reconheceu temperamentos.

Avaliou a formação cultural.

Examinou a apresentação.

Quando encerrou o serviço e não aprovou ninguém, o emissário fez importante descoberta. Ele não havia percebido que o candidato ideal sempre existiu. Era o secretário que, durante todo o tempo, estivera ao seu lado.

*

Isso nos acontece quando experimentamos as vivências da reencarnação.

Desconhecemos nossa própria realidade e passamos uma vida inteira em busca daquela situação ideal que imaginamos nos satisfazer os anseios imediatistas.

Procuramos o sucesso fácil.

Sonhamos com poder e prestígio.

Ambicionamos posições de vantagem.

Contudo, só mais tarde, após inúmeras frustrações, descobrimos que, durante todo o tempo, permanecemos cegos, porque não enxergamos que o melhor para nós sempre esteve ao nosso alcance, na vida honesta que levamos, no trabalho digno que fazemos e na companhia afetuosa que temos e amamos.

187
Parcelamento

Cap. VIII – 21

Maneco Dantas era ferreiro. Braços fortes. Músculos rijos. Estatura avantajada.

Conhecido em toda a região, conquistara a fama de profissional hábil, e curiosos se aglomeravam diante da oficina para vê-lo trabalhar. Manejava o fole com o braço esquerdo e, com o direito, segurava o martelo que descia, firme, sobre a bigorna, moldando o ferro aquecido na fornalha.

Apesar da aparência tosca e do serviço grosseiro, tinha bons modos. Gentil. Educado. Voz mansa. Era, porém, sistemático e impunha certas condições para pagar o que devia. Qualquer que fosse o tamanho da dívida, pedia parcelamento.

Certo dia, amanheceu cego dos dois olhos. A notícia comoveu a cidade. Buscou recursos até na capital. Várias consultas. Inúmeros exames. Junta médica. Diagnóstico de cegueira completa e definitiva, mas de causa desconhecida. Sem recuperação.

Abalado, Maneco confinou-se em casa. Guilherme, espírita e companheiro de forja, fazia-lhe visitas diárias. Numa delas, o ferreiro abriu o coração e dialogou com o amigo. Disse, lamentando:

– Por que esse infortúnio em meu caminho?

O visitante explicou, com bondade:

– O sofrimento sem motivo conhecido nesta existência é coisa do passado. Vivemos várias vezes. O que se erra numa vida paga-se em outra.

Maneco ficou pensativo, mas logo contestou, prosseguindo a conversa:

– Pagamento com cegueira?

– É consequência do mau uso da vista, em outros tempos. Jesus afirmou que, se o olho é causa do mal, deve ser punido. Você errou antes, está pagando agora. É a Lei de Ação e Reação.

O enfermo calou-se por um instante. Depois, comentou, contrariado:

– Não concordo com essa lei. É cruel, não parcela a dívida.

Guilherme ficou surpreso e perguntou:

– Que parcelamento você queria?

E Maneco, mexendo a cabeça de um lado para outro, finalizou, irritado:

– Ora, um olho de cada vez.

188
Reação

Cap. VIII – 21

A equipe técnica foi à zona rural para esclarecer a respeito da conservação das águas.

Reuniu grupos.

Ofereceu palestras.

Desfez dúvidas.

Citou normas e leis.

Descreveu procedimentos úteis.

Alertou para alterações irreversíveis.

Pediu a colaboração de todos.

Entretanto, um dos moradores não concordou com a reunião e desobedeceu às regras ensinadas.

Dilapidou as margens do córrego.

Deixou lixo esparramado.

Jogou detritos nos regos.

Descuidou das nascentes.

Contaminou os mananciais.

De tal sorte agrediu o meio ambiente, que logo a Natureza reagiu, e o morador recebeu de volta a agressão. Ao usar a água disponível, sofreu violenta infecção, resultado das atitudes impróprias contra os recursos naturais.

*

A Lei de Ação e Reação atua igualmente no campo moral. É o que ocorre com o mau uso dos órgãos dos sentidos.

O ouvido que capta inconveniências.

A língua que semeia intrigas.

O olho que invade a privacidade alheia.

A Doutrina Espírita ajuda a entender que tais ações ferem a legislação divina e, por isso, geram reações que, muitas vezes, só vão acontecer em outra vida, explicando assim, por meio da reencarnação, o motivo de provações dolorosas, como a limitação definitiva da surdo-mudez e a escuridão sem volta da cegueira.

189
Pimenta pura

Cap. IX – 1 a 4

Dorotéia Figueiredo faria falta em qualquer lugar. Mulher dinâmica. Inteligente. Capaz. Diretora da instituição havia longo tempo, trazia na bagagem obra admirável. Durante sua profícua gestão, colecionou realizações importantes. Ampliou a assistência fraterna. Esquematizou as reuniões de estudo. Dinamizou as tarefas espirituais.

Era respeitada pelo trabalho e admirada pelo cuidado a si mesma. Apesar da vida agitada e dos inúmeros compromissos, não descuidava da própria aparência. Vestia-se com elegância. Gostava das roupas coloridas. Não dispensava o ruge nas maçãs do rosto. Pintava os lábios com tons chamativos.

O problema com ela, porém, era o gênio forte e explosivo. Por pouca coisa, soltava o verbo pesado.

Machucava as pessoas com palavras ofensivas. O tempo passava e ela não mudava o jeito de ser.

Certo dia, a instituição foi visitada por companheiros de pequeno povoado da zona rural. Dorotéia fez questão de acompanhá-los. Os visitantes queriam saber a respeito das atividades. Expuseram dúvidas. Ouviram esclarecimentos.

A certa altura da conversa, uma pergunta irritou a diretora. A resposta contundente caiu como uma bomba. Silêncio constrangedor. Sorriso amarelo. Final de visita.

O mais velho da equipe quebrou o mal-estar, tecendo palavras de gratidão pela oportunidade do aprendizado. Ao se despedir da anfitriã, comentou, respeitoso:

– A senhora é muito simpática. Lembra o colorido da malagueta, no quintal de casa.

Dorotéia, que conhecia a planta, sentiu-se lisonjeada, mas perguntou:

– Por que a lembrança?

E o visitante, passando a mão pela cabeleira branca, respondeu, sorridente:

– É vistosa por fora, mas por dentro é pimenta pura.

190
CURTO-CIRCUITO

Cap. IX – 1 a 4

Na praça em festa, o painel de luz era o espetáculo mais admirado.

Iluminação feérica.

Luzes de cores diversas.

Lâmpadas em movimento.

Desenhos luminosos.

De repente, porém, surgiram problemas no painel.

Estouros repetidos.

Faíscas constantes.

Fumaça visível.

Escuridão completa.

Passado o susto, o acidente foi logo esclarecido.

Os técnicos descobriram que alterações súbitas nos contatos elétricos provocaram extenso curto-circuito, causa de todo o desastre.

*

Este episódio lembra situação parecida no cotidiano.

O bom relacionamento na família e no grupo social depende dos contatos harmônicos entre os conviventes, cujos fundamentos decorrem das lições de Jesus.

Viver com paciência.

Agir com mansuetude.

Falar com brandura.

Ensinar com afabilidade.

Contudo, as atitudes contrárias aos ensinamentos do Evangelho alteram a harmonia dos contatos e, quando isso acontece, uma simples palavra ofensiva é suficiente para ocasionar poderoso curto-circuito na convivência.

191
Mudança radical

Cap. IX – 1 e 5

Nenzico Fraga tinha gênio forte. Atitude impulsiva. Fala contundente. Comportamento ríspido. Irritava-se com facilidade. Discutia por pouco. Elevava o tom de voz.

Contudo, apesar do temperamento hostil, era bem-sucedido nos negócios e, muitas vezes, capaz de elevados gestos de generosidade. Comerciante, servia a zona rural de vasta região com produtos especiais e tinha a confiança dos clientes. Cumpria contratos com correção. Não aceitava propostas estranhas. Era honesto.

Quando passou por trágico acontecimento, aproximou-se do Espiritismo. Começou a conviver com pessoas diferentes de seu meio. Interessou-se pelos estudos. Frequentou assiduamente as atividades assistenciais. Encantou-se com o conhecimento espiritual. Embora seu jeito de ser, conquistou a estima de todos. Homero, diretor da instituição e companheiro mais próximo, dizia-lhe:

– Nenzico, melhore o gênio. Jesus ensinou que os brandos é que possuirão a Terra.

O comerciante, porém, respondia com bom humor:

– Se não der agora, faço em outra encarnação. A Doutrina Espírita me consola com o ensinamento das vidas sucessivas.

O tempo passou e a mudança radical de Nenzico surpreendeu os amigos. Tornou-se brando e pacífico. Suavizou a conversa. Moderou a conduta. Além disso, dono de muitas terras, assinou documento deixando todos os seus bens para a instituição que o acolhera, a fim de que servissem de apoio ao socorro dos necessitados.

Certo dia, após a reunião de estudos, Homero resolveu homenagear o benfeitor. Ao final de emocionado discurso, apontou o comerciante e falou, destacando cada palavra:

– Quero apresentar-lhes o homem que desrespeitou a palavra do Cristo.

Rumores no salão. Troca de olhares. Pasmo com a afirmação do diretor.

Homero, porém, não se perturbou e, abraçando Nenzico, concluiu:

– Este homem é o brando do Evangelho que, ao invés de possuir a Terra, deu a própria terra aos que nada possuem.

Os aplausos explodiram no recinto.

192
VIOLÊNCIA DISFARÇADA

Cap. IX – 1 e 5

No auditório da escola infantil, os alunos aguardavam o início da solenidade.

Salão cheio.

Cadeiras ocupadas.

Ausência de bons lugares.

Primeiras filas lotadas.

Mais novos na frente.

Entretanto, o aluno mais velho exigiu o assento próximo do palco.

Intimidou o ocupante.

Fez ameaças repetidas.

Partiu para a força física.

Usou de violência explícita.

Expulsou o menor da poltrona.

Todo o episódio foi assistido com desagrado pelos outros. Logo, porém, os seguranças apareceram e a presença deles, recomendando a obediência às normas vigentes, foi o bastante para que o aluno mais velho desistisse de seu intento e o mais novo voltasse ao lugar.

*

Tal condição se repete nos grupos de assistência. Colaboradores mais velhos de casa agem, muitas vezes, com imprudência.

Sentem-se donos das tarefas que executam.

Têm ciúme dos novos cooperadores.

Dificultam a presença dos recém-chegados.

Utilizam-se de violência disfarçada.

Contudo, nessas ocasiões, para solucionar o impasse, os ensinamentos da Boa Nova fazem as vezes dos seguranças, cuja presença lembra que Jesus ensina o amor ao próximo e que, na seara do Evangelho, os companheiros mais antigos, ao invés de rejeitar os mais novos, devem recebê-los como os irmãos que chegam para somar forças no trabalho do bem.

193
O RESGATE

Cap. IX – 6

Meados do século XIX. Da varanda de sua casa, no alto da serra, Jovelino Brandão apreciava a propriedade. Era fazendeiro de posse. Terra a perder de vista. Plantação extensa. Colheita abundante.

Homem de influência, desfrutava de prestígio e poder em toda a região. Presença obrigatória nos encontros periódicos com outros proprietários, era conhecido por sua peculiar maneira de ser. Voz mansa. Palavra educada. Gentileza no trato. Os amigos não escondiam a admiração por seu porte elegante e a conduta refinada.

Contudo, em casa, no segredo da intimidade, comportava-se de modo diferente. Exigia obediência cega. Maltratava os familiares. Subjugava todos. Agia com brutalidade.

Certa vez, quando Mariana, a esposa submissa, reclamou do tratamento dado aos filhos e foi agredida fisicamente, ela desabafou, em desespero:

– Estou à beira do abismo. Vou acabar morta por sua causa.

O marido tirânico amava a mulher, mas respondeu, tomado de loucura:

– Então, morra e cale sua voz para sempre.

No outro dia, o corpo de Mariana foi encontrado ao pé da serra. Saltara do topo. Morrera na queda.

A verdade sobre o caso foi abafada. Desde então, porém, Jovelino viveu recluso. Após alguns anos, deixou o corpo, em estado de amargura. Depois, soube que, nas anotações do mundo espiritual, era o responsável pela morte de Mariana. Sofreu muito. Pediu a reencarnação para expiar a culpa. Queria um destino que lhe desse paz à consciência. Foi atendido.

*

Século XX. Década de sessenta. Cidade do interior. Espetáculo de circo.

O povo aplaudia com entusiasmo a exibição do trapezista. Manobras arriscadas. Acrobacias. Rodopios no ar. De repente, porém, as palmas cessaram. Durante uma evolução mais ousada, a barra do trapézio soltou--se das amarras. Público de pé. Suspense. Baque surdo. E debaixo dos gritos de horror e de tristeza, o corpo sem vida do artista estirou-se no picadeiro.

*

Após cem anos da tragédia na fazenda, Jovelino, no corpo do trapezista, resgatou a dívida com o passado.

194
Transtorno

Cap. IX – 6

A criança de tenra idade brincava no jardim da casa.

Abraçava os pais.

Fazia-lhes carícias.

Descia do colo.

Engatinhava sobre a grama.

Assentava nos canteiros.

Gargalhava com vontade.

Dava gritos de alegria.

Batia palmas.

Divertia-se com as plantas.

Admirava as flores.

Entretanto, quando foi impedida de apalpar a

roseira cheia de espinhos, ficou tão contrariada que chorava sem parar e mordia com raiva os pais.

*

Na seara do Evangelho, muitos adultos também procedem assim.

Mostram-se amáveis.

Agem com brandura.

Conversam com educação.

Têm o sorriso fácil.

Cobrem de mel as palavras.

Contudo, quando seus interesses são contrariados, mudam o comportamento e trocam a doçura nos lábios pela mordida venenosa, em insinuações inverídicas e comentários maldosos, transtornando o clima do grupo de assistência e causando dor e constrangimento aos demais companheiros de tarefas.

195
De vez em quando

Cap. IX – 7

A presença de Teófilo Brandão não deixava dúvida. Corpo esbelto. Rosto fino. Cabelos grisalhos.

Era conhecido como campeão da caridade. Após trágico acidente, que lhe roubou a companhia física dos pais, Teófilo conheceu o Espiritismo e, desde então, encontrou na beneficência a razão de sua vida.

Tinha realmente bom coração. Herdeiro de apreciável fortuna, gastava enormes somas no atendimento aos necessitados. Providenciava consultas e exames aos doentes. Garantia os remédios. Abastecia de alimentos o fogão dos pobres. Distribuía roupas e agasalhos aos carentes. E até edificava moradias às famílias em abandono.

A cidade inteira prestava-lhe homenagem pela

dedicação ao próximo. E os infelizes, a quem ele estendia a mão caridosa, louvavam-lhe a bondade em frases de gratidão, mas com alguma ressalva. Diziam, apontando para o alto:

– É bravo, mas é de Deus.

É que, apesar do conhecimento espírita e da compaixão pelos sofredores, Teófilo não tinha paciência. Zangava-se com facilidade. Não suportava os críticos de seu trabalho. Irritava-se com os irônicos e palpiteiros. Tal situação era notada pelos companheiros.

Certo dia, Carlito, amigo de muitos anos, ponderou:

– Você é sempre caridoso. O Evangelho ensina que a paciência é uma forma de caridade. Pratique mais esta.

Teófilo respondeu rapidamente:

– Eu pratico, mas do meu jeito.

Fez uma pausa. Logo, porém, olhou com firmeza para o amigo e deu a explicação:

– As outras caridades faço todos os dias. A paciência, só de vez em quando.

196
Resistência

Cap. IX – 7

A árvore era alvo de várias agressões e estava exposta a muitos perigos.

Formigas transitavam nos galhos.

Lagartas habitavam as extremidades.

Insetos sugavam a seiva.

Pássaros bicavam o tronco.

Cupins viviam nos arredores.

Temporais sacudiam-na com fúria.

Ventos açoitavam os ramos.

Granizo machucava a copa.

Sol abrasador castigava a folhagem.

Raios eram ameaças episódicas.

Entretanto, a árvore resistia a tudo, porque tinha

raízes fortes, fincadas em terra firme. E, apesar das tantas agressões, era pródiga de sombra e de frutos.

*

Algo parecido acontece na reencarnação.

Espíritos endividados, muitas vezes renascemos em famílias problemáticas e somos alvos fáceis de ataques da parentela revoltada.

O familiar desonesto.

O parente explorador.

O irmão agressivo.

Os pais violentos.

Contudo, à semelhança da árvore no campo, é preciso resistir às agressões com paciência, nutrindo as raízes do sentimento na terra firme do Evangelho, a fim de que sejamos sempre o exemplo vivo da paz e da caridade.

197
Desobediência

Cap. IX – 8

Jandimar Borba tinha fama merecida. Artista de rodeios. Amansador de cavalos. Profissional respeitado. De habilidade reconhecida e admirada, era requisitado por fazendeiros de toda a região para as tarefas mais difíceis. Montava com elegância. Domava animais com maestria. Arrancava aplausos nas exibições.

Contudo, era extremamente orgulhoso e agressivo. Sentia-se superior aos companheiros. Não ligava a ninguém. Conversava com aspereza. A cada vitória com que a vida lhe sorria, sua arrogância aumentava mais.

Saturnino, companheiro de ofício e mais ligado ao conhecimento espiritual, falava-lhe sempre:

– Orgulho é desobediência ao bom senso. O

cavalo bravio é arrogante e hostil. Só depois que leva o freio e a espora é que se torna manso. Não espere as Leis Divinas amansá-lo. Renove seu interior.

Jandimar, porém, não mudava. E nesse estado, um dia, foi jogado do cavalo que amansava. Caiu de borco. Bateu com o rosto no chão. E ainda tomou dois coices no meio do corpo.

Quando Saturnino foi visitá-lo no hospital, o amigo já não corria perigo. Estava com a boca costurada e duas hastes metálicas sustentavam-lhe os ossos fraturados da bacia.

O companheiro sorriu e comentou, otimista:

– Agora você vai melhorar. Vai mudar de vida.

Jandimar resmungou alguma coisa com os dentes cerrados e balançou a cabeça em gesto interrogativo. O visitante percebeu que o amigo queria explicação e disse, convicto:

– Você está com freio na boca e esporas nas ancas. Vai amansar.

198
A PODA

Cap. IX – 8

No pomar, as plantas eram exemplo de obediência e resignação.

Aguentavam a cova da semeadura.

Respeitavam a disciplina das fileiras.

Acatavam os cuidados do pomicultor.

Cresciam debaixo de exigências.

Aceitavam a perda de folhas no outono.

Suportavam os rigores do inverno.

Floresciam no tempo adequado.

Frutificavam na estação certa.

Esperavam a época da colheita.

Repetiam os ciclos naturais.

Entretanto, quando não obedeciam aos ditames

da Natureza e não se resignavam aos próprios objetivos, as plantas sofriam a ação contundente da poda, desbastando-lhes os galhos improdutivos, a fim de que a renovação de seus elementos permitisse maior abundância na produção de frutos.

*

É o que acontece na trajetória evolutiva. O Espírito recebe da Providência Divina todo o amparo para o crescimento íntimo.

Reencarnações múltiplas.

Experiências diversas.

Reencontros afetivos.

Correção dos enganos.

Contudo, se não presta obediência à vontade de Deus e não cultiva a resignação diante das provas difíceis e necessárias, o Espírito sofre a poda da vontade de escolha e é constrangido às provações dolorosas, a fim de que, mais tarde, renovado interiormente, possa retomar sua jornada de progresso rumo à perfeição.

199
A VELA

Cap. IX – 9

Eustáquio Cascadura tinha a natureza forte. Por pouca coisa, a explosão acontecia. Mecânico respeitado. Competência reconhecida. Profissional correto.

Apesar do gênio explosivo, formara enorme clientela na oficina. Empregava vários auxiliares. Era bom chefe. Dava orientações. Ensinava. Apoiava os funcionários até em seus problemas pessoais.

Cultivava princípios nobres e conquistara a admiração de seus pares. Homem de palavra. Pai de família modelar. Cidadão honesto. Contudo, tinha duas dificuldades: os ataques de cólera e a falta de fé. Era estourado.

Aristeu, sócio de muitos anos e espírita praticante, aconselhava:

– Eduque os nervos. Crise de raiva é orgulho ferido. O Evangelho nos ensina que devemos incinerar a arrogância nas chamas da humildade. E a fé é a centelha divina que alimenta as labaredas da renovação íntima.

A conversa se dava enquanto ambos examinavam um motor a explosão. Eustáquio retirou uma peça e disse:

– É a vela de ignição. Está suja. Não dá faísca que preste para queimar o combustível. O motor falha e dá estouros.

Aristeu tomou a peça entre os dedos e comentou:

– Seu caso é parecido com a situação desta vela. Trate de melhorar a fé.

O mecânico ficou confuso. Calou-se e esperou a explicação. O sócio continuou:

– Sua fé não dá faísca suficiente para queimar o orgulho.

Eustáquio incomodou-se. Alterou a voz e falou, já irritado:

– E daí?

Aristeu, que conhecia as reações exageradas do amigo, deu alguns passos para trás e completou, sorridente:

– Aí, você dá o estouro.

200
IMPLOSÃO

Cap. IX – 9

Quando se decidiram pela demolição do prédio, os responsáveis tomaram providências.

Chamaram engenheiros entendidos.

Requisitaram técnicos competentes.

Pesquisaram o método mais eficiente.

Pediram rapidez no serviço.

Exigiram segurança na execução.

Depois de acurados estudos, os especialistas concluíram que a implosão era a melhor escolha. Logo, começaram os preparativos.

Percorreram as instalações.

Selecionaram as estruturas.

Colocaram os explosivos

Fizeram o isolamento do local.

Alertaram toda a vizinhança.

No dia escolhido, as bombas foram detonadas e o prédio caiu por inteiro, apenas dentro de seus limites. Entretanto, a poeira da demolição espalhou-se por todos os lados, causando grande transtorno.

*

Estas observações nos lembram que, muitas vezes, os grupos assistenciais passam por situação semelhante, quando companheiros ficam contrariados, por razões diversas.

Disfarçam a raiva.

Distribuem sorrisos.

Esbanjam acenos gentis.

São solícitos em suas atividades.

Contudo, vivenciam na intimidade a cólera silenciosa que lhes destrói, pouco a pouco, o sentimento de fraternidade e, como acontece na implosão, espalha à sua volta a poeira invisível do ressentimento, causando enorme transtorno ao serviço de assistência e aos demais companheiros.

201
Comparações

Cap. IX – 10

Gerôncio Godói vivia de mau humor. Palavra seca. Fisionomia carregada. Pouca prosa. Com frequência, ficava emburrado longo tempo e por motivos banais. Sua fama de mal-humorado corria em toda a região. Além disso, parecia sempre doente. Sem vigor. Apático. Sem energia. Tal situação piorava mais ainda seu aspecto.

Contudo, apesar da carranca, era comerciante de relativo sucesso. Mercearia pequena, mas sortida. Administrava o estabelecimento com rigidez. Nunca sorria e, quando raramente conversava, era para zangar com os funcionários ou orientar algum cliente. Ficava na frente da loja, atrás de pequeno balcão, de onde fiscalizava todo o movimento.

Irineu, freguês antigo e espírita conhecido na cidade, falava-lhe sempre:

– Abra o coração, homem. Mau humor é cólera concentrada. Siga o Evangelho e mude seu interior. É o melhor para os dias vindouros.

Gerôncio escutava calado, mas não escondia a contrariedade.

O tempo passou. Certa vez, quando Irineu foi à mercearia, o comerciante o acompanhou nas compras. Queria conversar. Saber das lições de Jesus e da renovação íntima. Estava preocupado com o futuro.

O espírita deu as explicações. Expôs com clareza o assunto. Foi sincero, às vezes até contundente.

Gerôncio gostou, mas não deu o braço a torcer. Pegou um abacaxi e disse:

– Você se parece com ele. É agradável, mas ácido.

Irineu contestou com rapidez. Tomou um legume na mão e comentou, sorridente:

– E você com seu mau humor é amargo como este jiló.

Pela primeira vez, o comerciante sorriu.

202
A MARTELADA

Cap. IX – 10

O carpinteiro começou seu trabalho com a ajuda do auxiliar.

Preparou a peça de madeira.

Conferiu as medidas.

Colocou na posição correta.

Fez os ajustes necessários.

Selecionou os pregos adequados.

Escolheu o martelo certo.

Quando, porém, a martelada lhe acertou o dedo, o carpinteiro reagiu de maneira colérica.

Atirou o martelo no chão.

Pisoteou o pacote de pregos.

Chutou a caixa de ferramentas.

Sapateou e gritou impropérios.

Xingou e empurrou o auxiliar.

Largou o serviço e foi embora.

Algum tempo depois, voltou mais calmo, explicando o motivo de tal comportamento. Disse que agira daquela forma porque seu dedo atingido doía muito.

*

Encontramos situação semelhante na seara do Evangelho.

Colaboradores de boa vontade, empenhados nas tarefas de auxílio ao próximo, reúnem-se em grupos, constituindo autêntico corpo assistencial. Contudo, se um colaborador vive situação aflitiva, cuja responsabilidade é somente dele mesmo, este companheiro começa a agir de forma ressentida.

Rareia a presença nas atividades.

Muda o trato com os colegas.

Mostra desapego ao trabalho.

E, quando é questionado a respeito de sua conduta, quase sempre joga a culpa em algum membro do corpo assistencial.

203
O PERDÃO

Cap. X – 1 a 4

O professor Genebaldo Torres era espírita à sua moda. Interpretava o Evangelho como queria. Homem sisudo. Linguajar seco. Presença difícil. Frequentava assiduamente os estudos, quando declarava suas ideias estranhas.

Apesar de sua maneira de ser, tinha o respeito e a estima de todos. Contudo, era extremamente melindroso. Uma palavra mal colocada e um gesto involuntário eram suficientes para que guardasse profunda mágoa.

Lamartine, amigo de muitos anos, dizia-lhe com liberdade:

– Deixe de esquisitice. Seja espírita de verdade. Acostume-se a perdoar e a esquecer as ofensas. É o que Jesus ensina no Evangelho.

O professor, porém, fazia-se de surdo às advertências.

Certa noite, durante a reunião, Genebaldo fez interpretação errônea de importante questão doutrinária e sentiu como ofensa a contestação de companheiro mais jovem. Levantou-se de imediato e, enquanto se afastava da mesa de estudos, falou com voz cortante:

– Fui ofendido. Vou embora.

Os companheiros procuraram contornar a situação desagradável. Após demorado diálogo, o professor resolveu desculpar o jovem, mas exigiu que fosse em reunião pública. E assim aconteceu.

No dia marcado, Genebaldo aceitou as desculpas do moço, na presença de todos os companheiros. Entretanto, não lhe respondeu o cumprimento, nem lhe dirigiu a palavra. Lamartine, intrigado, questionou o professor:

– Você não perdoou o rapaz?

E Genebaldo, mais do que depressa, respondeu, sério:

– Perdoei, mas não esqueci.

204
Atitude conveniente

Cap. X – 1 a 4

No barranco do rio, o homem suportava toda espécie de agressões.

Sol inclemente.

Calor sufocante.

Picada de mosquito.

Insetos rasteiros.

Lufadas de vento.

Cisco nos olhos.

Rajadas de poeira.

Chuva repentina.

O homem desculpava tudo isso com alegria e entusiasmo. Entretanto, quando regressou e soube que o jantar não estava pronto, ficou furioso.

Condenou a esposa.

Falou em negligência.

Discutiu com rispidez.

Por fim, saiu de casa, dizendo que nunca perdoaria aquele erro.

*

Tal conveniência também acontece conosco.

Quando estamos de bem com a vida e temos os desejos atendidos, somos pródigos de misericórdia.

Esquecemos a ofensa.

Perdoamos o outro.

Relevamos agressões.

Desculpamos a falta alheia.

Contudo, se nossos anseios são contrariados e nos decepcionamos com alguém, aí não há perdão.

205
O ESTÔMAGO

Cap. X – 5 e 6

Laerte Dantas era muito estimado. Presença simpática. Boa prosa. Pessoa agradável.

Único corretor na pequena comunidade, conhecia todo mundo. Festeiro de primeira, tornara-se convidado indispensável em qualquer evento. Era a alegria de toda festa.

Contudo, em passado recente e por motivos banais, recebera dolorosa ofensa. Parente, a quem dedicava sincera afeição, virara-lhe as costas e cortara todas as possibilidades de convivência. Agora, porém, desejava a reconciliação.

Laerte, que havia sofrido muito com a atitude do familiar, não perdoava o acontecimento.

– Ofendeu. Pisou. E agora quer um encontro. Depois de toda aquela maldade... – dizia com tristeza e, ao mesmo tempo, com irritação.

Martinho, velho amigo e experiente conhecedor do Evangelho, respondia com argumentos inspirados nos ensinamentos espíritas:

– O perdão é bom para a saúde. Extingue as toxinas da mágoa e liberta as energias do bem. Além disso, é melhor reconciliar-se agora do que depois. É um problema a menos para as vidas futuras.

A conversa se dava no hospital da cidade, onde Laerte estava internado, em razão de distúrbio digestivo severo. Excessos durante uma festa. Abuso alimentar. O estômago não suportara a agressão.

O amigo explicava ainda as vantagens do perdão, quando o clínico apareceu para a visita diária. Fez perguntas. Examinou a região afetada. Depois, falou, sorridente:

– Houve grande melhora. O estômago perdoou sua ofensa.

Logo que o médico saiu do aposento, Martinho aproximou-se do companheiro no leito e comentou, sério:

– Se até o estômago perdoou...

Não completou a frase, mas o doente entendeu o que ele queria dizer.

Mais tarde, Laerte recebeu a visita do parente e, entre pedidos de desculpas, abraços e sorrisos, aconteceu a reconciliação.

206
Reconciliação

Cap. X – 5 e 6

Em plena estrada, o motor do automóvel começou a falhar, interrompendo a viagem. O motorista, com horário certo para os compromissos, ficou exasperado.

Bateu com raiva a cabeça no volante.

Distribuiu tapas no painel.

Sacudiu o encosto dos assentos.

Tocou a buzina várias vezes.

Esmurrou com força a lataria.

Deu chutes vigorosos nos pneus.

Rogou pragas ao veículo.

Falou mal do fabricante.

Esconjurou a oficina de reparos.

Fez referências más aos mecânicos.

Esgotada, porém, a frustração, ele se acalmou. Parou com as agressões e procurou entender o que estava acontecendo.

Leu o manual do carro.

Recordou alguns conhecimentos.

Examinou o motor.

Enxergou o defeito.

Era apenas um fio elétrico fora do lugar. Logo que conectado, o motor voltou a funcionar corretamente.

O clima de paz com o automóvel permitiu ao motorista continuar a viagem, para cumprir suas obrigações.

*

É assim também que acontece conosco.

A ofensa, praticada ou recebida, é sempre um desarranjo sério nos relacionamentos, interrompendo as experiências em comum, necessárias ao progresso espiritual.

Contudo, quando há a reconciliação, as relações são normalizadas e a viagem da evolução prossegue, permitindo o cumprimento dos compromissos acertados, para o bem do ofensor e do ofendido.

207
Sacrifício espiritual

Cap. X – 7 e 8

Rogério Salgado era famoso na cidade por sua conduta religiosa. Comerciante conhecido. Homem austero. Cidadão correto.

Frequentava diariamente as orações e, vez por outra, praticava enormes sacrifícios em nome da religião. Caminhava longas distâncias, em romarias. Fazia jejuns rigorosos. E, em determinadas cerimônias, louvava a Deus, carregando pesada cruz nos ombros. Além disso, tinha qualidades de coração. Era bondoso com os necessitados. Amigo dos infelizes. Fraterno com os companheiros.

Contudo, não conseguira ainda perdoar uma ofensa. História antiga. Discussão amarga. Palavras pesadas. Desde então, guardara forte ressentimento contra parente próximo. Os amigos comuns tentavam a reconciliação, mas o comerciante nunca concordava.

Abílio, amigo e confidente, aconselhava:

– O melhor sacrifício é o do próprio ressentimento. Elimine a mágoa. Esqueça a ofensa. Perdoe. É o que Jesus recomenda e o melhor para sua saúde. Não adianta jejuar se o coração se alimenta de rancor.

Bento, porém, não mudava o ponto de vista. O tempo foi passando, até que veio o ataque cardíaco. Hospital. Tratamento intensivo. Repouso em casa. Abílio foi visitá-lo, e o enfermo logo comentou:

– Estão proibidos meus sacrifícios para louvar a Deus. Nada de ir a romarias, fazer jejuns ou carregar a cruz.

O visitante sorriu e falou:

– Ótimo. Então, é hora do sacrifício espiritual. Remover da intimidade aquele ressentimento.

O doente mal esperou para retrucar:

– Não posso. Também está proibido.

Abílio não entendeu e argumentou:

– Proibido? Não é isso que está no Evangelho.

E Bento, mais do que depressa, completou com ar matreiro:

– O ressentimento é mais pesado do que a cruz.

208
Ressentimento

Cap. X – 7 e 8

O pintor foi convidado a expor na galeria mais importante e dedicou-se à produção de nova obra.

Adquiriu a melhor tela.

Usou o cavalete mais adequado.

Separou tintas de qualidade.

Selecionou vários pincéis.

Escolheu o tema da pintura.

Pintou por horas seguidas.

Trabalhou com sacrifício.

Entretanto, como estava zangado com a arte, despejou no quadro todo o seu mau humor.

Traços fortes.

Cores carregadas.

Pinceladas grosseiras.

Cenário agressivo.

Figuras hostis.

Apesar de todo o esforço do artista, o quadro não foi aceito para a exposição. O pintor fez sacrifícios para a realização do trabalho, mas não sacrificou o próprio ressentimento.

*

É o que acontece nos grupos de assistência, nos quais há colaboradores que se dedicam intensamente ao socorro do próximo.

Trabalham horas a fio.

Percorrem longas distâncias.

Esgotam a saúde no serviço.

Contudo, apesar de todo o bem que fazem com amor e sacrifício, nem sempre conseguem sacrificar o ressentimento com algum companheiro.

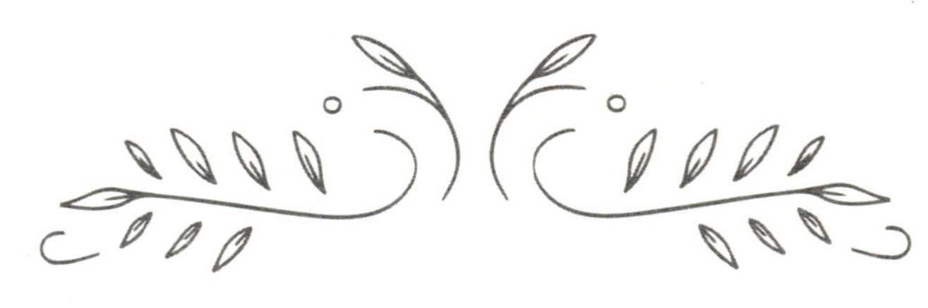

209
As traves

Cap. X – 9 e 10

Julieta Campos frequentava a assistência fraterna havia longo tempo. Boa companheira. Ativa no serviço. Assídua nas tarefas.

Embora se dedicasse bastante ao socorro dos necessitados, trazia ainda algum traço de orgulho. Achava-se melhor do que os outros. Solteira e madura de idade, tornara-se espírita após trágico acidente com sequelas graves. O rosto sofrera várias e profundas lesões, deixando-lhe desagradável defeito nos olhos. As pálpebras superiores caíram e, por isso, fechavam boa parte do globo ocular.

Contudo, apesar do prejuízo nos olhos, Julieta reparava em tudo e em todos. Nada lhe escapava à observação e ao comentário maldoso. A roupa de um. O andar de outro. O penteado de alguém.

Cirene, companheira de tarefas, advertia a amiga:

– Deixe de reparar nos outros. Jesus disse que, antes de ver o argueiro no olho do vizinho, é preciso retirar a trave do próprio olho. Pare de criticar o próximo.

Julieta, porém, não se emendava. Certo dia, observou, em local perto da instituição, um rapaz que segurava estranha maleta. Imaginou um malfeitor, trazendo a arma escondida e prestes a atacar. Começou a gritar por socorro. Saiu correndo pelo pátio. Alvoroçou colaboradores e assistidos.

A situação, no entanto, foi logo esclarecida. Tratava-se apenas de um músico que carregava seu instrumento no estojo e aguardava a condução para o trabalho.

Acalmados os ânimos, Julieta pediu desculpas pelo engano. As companheiras, porém, não escondiam a contrariedade com o procedimento precipitado da colaboradora. Uma delas, contudo, adiantou-se e, para surpresa geral, falou, séria:

– Ela tinha mesmo de se enganar.

Interrompeu a frase. Depois de um instante, completou com sorriso malicioso, referindo-se a Julieta:

– Também com duas traves nos olhos.

O grupo caiu na gargalhada.

210
O SERMÃO

Cap. X – 9 e 10

Quando o casal vizinho se desentendeu, o morador do bairro ficou escandalizado e foi até lá.

Criticou a discussão.

Repreendeu marido e mulher.

Reprovou as agressões verbais.

Condenou o palavreado chulo.

Falou da má educação.

Dissertou sobre a falta de civilidade.

Censurou a intolerância recíproca.

Referiu-se ao incômodo da vizinhança.

Lembrou o mau exemplo aos filhos.

Verberou o escândalo.

Depois do longo sermão, quando o morador já

estava repousando em casa, a esposa lhe solicitou ajuda nas tarefas domésticas. O marido levantou-se de um salto e, indiferente à presença das crianças, começou a discutir com a mulher.

Alegou cansaço.

Pediu sossego.

Chutou a cadeira próxima.

Esmurrou o sofá.

E, após disparar uma chuva de palavras ásperas, saiu do recinto, batendo a porta.

*

Este quadro indica o que, às vezes, acontece conosco. Quase sempre vemos e criticamos nos outros os defeitos que não enxergamos em nós mesmos.

211
O BOTÃO

Cap. X – 11 a 13

Juquinha Mendonça era mestre em desacreditar as pessoas. Julgava fácil. Acusava depressa. Condenava rápido. Alfaiate de profissão, ocupava pequeno cômodo na rua principal. Nele, a mesa de corte e a máquina de costura ficavam próximas à porta de entrada, quase rente ao passeio. Dali, cortando ou costurando, Juquinha acompanhava a movimentação de fora. Qualquer episódio diferente era motivo para julgamentos e condenações. Tinha fama de falador. Criticava, em especial, os concorrentes. Punha defeito no serviço de outros alfaiates.

Jovino, companheiro e espírita de bom conhecimento, aconselhava o amigo:

– Não condenemos os outros. Não atiremos

pedras naqueles que caíram em erro, pois também temos nossos enganos.

A conversa, porém, mal começara e fora interrompida pela entrada abrupta de um cliente bastante nervoso. Trazia nas mãos um embrulho, que jogou sobre a mesa. E, dirigindo-se ao dono da alfaiataria, falou com voz alterada:

– Você estragou minha roupa.

Juquinha, surpreso, respondeu depressa:

– Fiz o que me pediu. Paletó com três botões.

O freguês, cada vez mais irritado, mostrou a roupa e perguntou, quase aos gritos:

– Foi isto que lhe pedi?

O alfaiate olhou e empalideceu. Tentou uma explicação, mas o cliente pegou bruscamente o paletó e, ao sair da loja, comentou bem alto:

– Você é irresponsável.

Juquinha olhou para o amigo e, ainda trêmulo, falou com voz sumida:

– Esqueci o terceiro botão.

212
O MOTORISTA

Cap. X – 11 a 13

O motorista profissional transportava o passageiro e fazia comentários.

Protestava contra a lentidão do trânsito.

Condenava alguma falha do semáforo.

Acusava a falta de sinalização.

Indicava o erro dos outros.

Mostrava a imperícia de um colega.

Desconsiderava o dono do veículo ao lado.

Apontava manobras perigosas.

Criticava a falta de responsabilidade.

O passageiro, porém, notava que seu condutor tinha também problemas.

Conversava muito.

Abusava da velocidade.

Buzinava com excesso.

Dirigia com imprudência.

E, apesar de toda a sua conversa sobre correção no trânsito, o motorista fez conversão proibida e foi advertido pela autoridade competente.

*

Este episódio lembra-nos de que também agimos assim.

Somos intolerantes com a conduta alheia, mas cultivamos enorme indulgência para com nossas atitudes.

213
O intérprete

Cap. X – 14

Bento Longuinho cultivava interpretações próprias em torno do Evangelho. Era jornalista de conceito e escritor irreverente.

Detalhista, tinha caderno especial onde registrava, diariamente, as boas ações que praticava e, na página destinada ao ato de perdoar, anotava, em ordem numérica, os perdões concedidos. De temperamento rígido, não abria mão de suas ideias. Apesar de adepto do Espiritismo havia longa data, interpretava ao pé da letra as lições evangélicas, o que contrariava sobremaneira os colegas da instituição.

Quando, em certa reunião de estudos, sentiu-se ofendido durante discussão doutrinária e foi instado pelos presentes a desculpar o ofensor, surpreendeu a todos. Disse, calmamente:

– O Evangelho me permite não perdoar.

Inácio, professor e dirigente dos estudos, reagiu de imediato:

– É o contrário. O Evangelho diz para perdoar.

O jornalista, porém, sorriu e falou, com ar de vitória:

– Conforme minhas anotações, já perdoei as quatrocentas e noventa vezes que Jesus recomenda.

O professor ainda insistiu e explicou:

– Não interprete a seu bel-prazer as palavras do Cristo. O Mestre Divino citou os números para exemplificar que o perdão é ilimitado. Devemos perdoar sempre.

Contudo, os argumentos não convenciam o teimoso intérprete. Algum tempo depois, Bento escreveu apimentada reportagem que causou enorme escândalo na comunidade local. No dia seguinte à publicação, foi à reunião de estudos. Mal havia chegado, e Inácio comentou:

– Suas mãos fizeram algo escandaloso. Como é que fica?

O jornalista, irritado com o comentário, perguntou, seco:

– Fica o quê?

O professor encarou o companheiro e argumentou, devagar:

– A interpretação do Evangelho.

Fez uma pausa. Depois, respirou fundo e completou:

– Está escrito que a mão causadora de escândalo deve ser cortada. E agora?

Bento percebeu o absurdo de suas interpretações e saiu, resmungando.

214
A negativa

Cap. X – 14

A jovem senhora, adepta fervorosa do Espiritismo, chegou à instituição para as tarefas habituais.

Abraçou os assistidos.

Conversou com todos.

Acarinhou as crianças.

Confortou os idosos.

Orientou as gestantes.

Participou do Culto do Evangelho.

Comentou o texto escolhido.

Fez a prece de agradecimento.

Em seguida, passou a atuar nos diversos setores de assistência.

Trabalhou na cozinha.

Serviu a sopa.

Foi à sala de costura

Preparou enxovais a recém-nascidos.

Esteve na farmácia gratuita.

Aviou receitas médicas.

Acompanhou visitas domiciliares.

Quase no final do serviço, teve insignificante mal-entendido com uma colega, a qual logo se desculpou pelo engano. Entretanto, a laboriosa colaboradora negou o perdão.

*

É possível enxergar este cenário no ambiente espírita.

Há companheiros que explicam com talento as lições evangélicas e se entregam com ardor às tarefas de auxílio ao próximo. Contudo, apesar de toda a aparência, ainda não trazem Jesus no coração.

215
Mudança de opinião

Cap. X – 15

Dionísio Fontes tinha comportamento estranho. Homem reservado. Prosa escassa. Temperamento rude. Contudo, vez por outra, contrariando seu modo de ser, fazia brincadeiras inconvenientes que incomodavam os colegas e causavam sérios conflitos.

Estivador de profissão, bastante conhecido em todo o porto, era fisicamente forte e, por qualquer motivo que o aborrecesse, levantava os braços e exibia a musculatura avantajada.

Naquela tarde, espalhara, por todo o cais, piada de mau gosto a respeito de colega que privava de sua intimidade. Este, ao tomar conhecimento da brincadeira, reagiu de maneira ofensiva. Depois, porém, mais calmo, foi desculpar-se perante o estivador.

– Não perdoo – disse ele com semblante amarrado. – Ofendeu, está ofendido. Erro não tem perdão.

Os companheiros intervieram para amenizar o episódio. Edivaldo, o mais entendido entre todos, estudioso do Evangelho e do Espiritismo, insistiu com Dionísio:

– Não negue o perdão. Perdoar o amigo é prova de amizade. Além disso, no presente caso, é perdão para si próprio, pois é voz geral que você começou tudo isso.

Neste ponto da conversa, o chefe do serviço no porto aproximou-se do grupo e, dirigindo-se ao robusto estivador, falou, preocupado:

– O pessoal do navio está reclamando de seu serviço. Você errou na disposição da carga. Para evitar complicação, é melhor desculpar-se e consertar o erro.

Dionísio ficou vermelho e levantou os braços, o temido sinal de aborrecimento. Entretanto, em vez da explosão de raiva, abraçou os colegas, inclusive o ofensor. Em seguida, já caminhando em direção ao navio e mudando de opinião, gritou, eufórico:

– Vamos lá. Erro tem perdão, sim senhor.

216
Perdão de boca

Cap. X – 15

Na avenida quase deserta, o cronista de prestigioso jornal, dirigindo sem atenção, provocou o acidente. O dono do veículo atingido ficou exaltado.

Saiu do carro com raiva.

Bateu a porta com violência.

Verificou o estrago feito.

Acercou-se do automóvel agressor.

Condenou o motorista desatento.

Deu-lhe acintosa reprimenda.

Falou palavras de acusação.

Gritou expressões ofensivas.

Quando, porém, percebeu de quem se tratava, baixou o tom de voz e pediu desculpas. O cronista concedeu-lhe o perdão com atitudes afáveis.

Reconheceu a própria culpa.

Combinou as despesas do conserto.

Abraçou o chofer nervoso.

Pediu calma e bom senso.

Reafirmou a disposição de perdoar.

Garantiu o esquecimento das ofensas.

Disse que o episódio já era passado.

Entretanto, no dia seguinte, publicou no jornal os acontecimentos da véspera e descreveu com minúcias as injúrias que recebera.

*

É assim que nos comportamos com frequência. Somos ofendidos e perdoamos consoante os ensinamentos de Jesus. Contudo, depois, fazemos questão de contar aos outros todos os pormenores da ofensa recebida.

217
A CHAVE

Cap. X – 16

Adauto Mota assumira a presidência da entidade assistencial. Homem sério. Conduta ilibada. Vida limpa.

Era amável com todos e de fácil diálogo, mas também de conhecida dureza com o erro dos outros e extremamente severo ao julgar o comportamento alheio. Embora estudioso do Evangelho e da Doutrina Espírita, ainda não havia absorvido a lição da indulgência.

Fiscalizava com rigor o serviço na instituição. Testava portas e cadeados. Contava vassouras e panelas. Apontava as falhas e ralhava em público com o servidor faltoso.

Por isso mesmo, Osório, companheiro antigo nas lides doutrinárias, ponderava com o amigo:

– Não seja tão rigoroso. Todos nós erramos. A rigidez irrita e afasta o colaborador de boa vontade. Tenha calma, use de indulgência e traga para perto de si o companheiro de tarefas.

As recomendações, porém, não eram atendidas.

Certo dia, amanhecera destrancada a porta da despensa, onde se guardavam os alimentos a serem distribuídos. Adauto reuniu os servidores. E, perante todos eles, chamou a responsável pela despensa e perguntou, contundente:

– O que aconteceu?

A senhora, de cabeça baixa e trêmula de medo, ficou muda. O presidente insistiu:

– Quero uma explicação. O que aconteceu?

Como a colaboradora permaneceu calada, Adauto se exaltou. E, ao tirar o paletó com movimento brusco, ouviu-se um tilintar característico. Todos olharam para o chão. A chave da despensa estava com o presidente.

218
O CASAL

Cap. X – 16

No restaurante, o casal aguardava convidados. Enquanto isso, observava a ocupante da mesa ao lado.

O penteado estranho.

A pintura com exagero.

O vestido fora de moda.

O bordado extravagante.

O cinto desconforme.

O sapato esquisito.

O casal disfarçava a observação, mas cada detalhe era notado.

O colar de mau gosto.

As pulseiras em excesso.

Os anéis em demasia.

A postura deselegante.

O manejo errado dos talheres.

O comportamento ao jantar.

Quando os convidados chegaram, o casal contou tudo o que havia observado. A partir daí, os cochichos e sorrisos acompanhavam os olhares em direção à mesa vizinha.

*

Esta cena traz à lembrança o que também fazemos.

Estudamos o Evangelho.

Oramos com fervor.

Amparamos o necessitado.

Contudo, à semelhança do casal no restaurante, nosso olhar quase sempre é de crítica e faltamos com a indulgência aos que estão à nossa volta.

219
O MESMO

Cap. X – 17

Eriberto Passos era campeão no esporte. Corpo robusto. Músculos à mostra. Saúde em dia. Vinha de uma série de vitórias nas competições e estava sempre cercado de admiradores entusiastas. Vivia uma fase de sucesso na carreira.

A exposição pública frequente, por meio de sucessivas entrevistas e presença amiúde em solenidades, acabou por despertar ciúmes em colega próximo. Daí para a ofensa foi um pulo. Aconteceu durante reunião festiva na intimidade. Discussão. Palavras ácidas. Insinuações maldosas. A intervenção dos companheiros evitou maiores consequências.

Eriberto, crente em Deus, concedeu o perdão e apagou da memória o acontecimento infeliz, mas não foi além, mesmo quando o ofensor, arrependido, pediu a continuidade da convivência.

Hildebrando, militante religioso e expositor do Evangelho, observava ao amigo:

– Você perdoou e esqueceu a ofensa, mas negou a ele a oportunidade da reparação. Faltou com a indulgência. O Evangelho ensina que devemos perdoar aqueles que nos ofendem, mas também dar a eles o estímulo da perseverança e da bondade, animando os fortes e fortalecendo os fracos.

O campeão, no entanto, apenas respondia:

– Está perdoado e esquecido. É ele de lá e eu de cá.

Alguns dias depois, Eriberto provocou, sem querer, sério acidente em competição. Houve ferimento grave no competidor, que o defendeu e desculpou publicamente.

Apesar disso, porém, o campeão se entristeceu e ficou arredio, afastando-se das pelejas por algum tempo. Depois, de repente, voltou às atividades. Explicou a Hildebrando:

– Pedi perdão a Deus e recebi a graça.

O amigo aproveitou a ocasião e falou, sorridente:

– Então, faça o mesmo.

Calou-se por um instante e logo completou:

– Você teve o perdão, mas não foi esquecido. Recebeu a graça de prosseguir.

Eriberto compreendeu a sugestão de Hildebrando e fez o mesmo. Reatou a convivência de outrora com o colega que perdoara e esquecera.

220
PEGADAS

Cap. X – 17

O marido chegou a casa com os nervos à flor da pele.

Chutou o capacho da entrada.

Bateu a porta.

Atirou longe a chave.

Jogou a pasta sobre a mesa.

Tirou o paletó com violência.

Arrancou a gravata com força.

Mal cumprimentou os familiares.

Mais tarde, prosseguiu com as agressões, fazendo referências desagradáveis à esposa, que se conservava em silêncio.

Pôs defeito no jantar.

Falou mal da funcionária.

Criticou a disposição dos sofás.

Passou o dedo nos móveis.

Apontou desmazelo na limpeza.

Algum tempo depois, porém, arrependeu-se das agressões e pediu desculpas. A esposa não só o perdoou como também deu a ele toda a atenção e carinho, devolvendo ao lar a paz e a alegria.

*

Na seara do Evangelho, acontece coisa semelhante quanto às nossas tarefas.

Sofremos críticas improcedentes.

Recebemos acusações falsas.

Somos alvos de ataques gratuitos.

Contudo, a melhor resposta aos que nos agridem é o perdão com o silêncio da indulgência e o exemplo do bem, pois o verdadeiro discípulo do Cristo segue as pegadas do Mestre e não escapa do calvário e da cruz.

221
A BENGALA

Cap. X – 18

Altivo Brandão era arrogante ao extremo. Corpo empertigado. Cabeça erguida. Olhar de desdém.

Guarda-livros de profissão, fazia a escrita de pequenas lojas na cidade. Vestia-se com apuro. Não dispensava o paletó e a gravata borboleta. Carregava sempre uma bengala de cabo trabalhado, não por necessidade, mas para compor o figurino elegante de tempos antigos.

Tornara-se espírita havia longa data. Frequentava os estudos e a assistência fraterna. Contudo, embora a convivência demorada com as lições evangélicas e doutrinárias, não se libertara do orgulho. Ao contrário, piorava com o passar dos anos. Achava-se superior aos outros. Criticava, em público, os colegas. Desdenhava os necessitados. A situação se tornou insustentável quando, numa tarde de sábado, durante a distribuição da sopa, humilhou um dos assistidos. Os companheiros se revoltaram.

Ercílio, amigo mais chegado, foi conversar. Dizia, com preocupação:

– Não entendo. Você conhece o Evangelho e age dessa maneira. É preciso seguir os ensinamentos de Jesus, atentar no conhecimento do Espiritismo. O orgulho não passa de mero engano. Hoje, estamos em posição vantajosa. Amanhã, a reencarnação poderá exigir de nós situação mais penosa. Tenha caridade para com o próximo, tenha indulgência...

Palavras em vão. O guarda-livros sempre retrucava, com empáfia:

– Não tenho culpa de ser melhor do que eles.

O tempo foi passando. Certa vez, tarde da noite, quando voltava para casa, Altivo tropeçou na própria bengala e caiu. Baque surdo. Dor intensa. Dificuldade para se mover. Àquela hora, a rua estava deserta. Foi socorrido por vigia noturno das proximidades, que tomou todas as providências. Ao final, Altivo se surpreendeu ao reconhecer no benfeitor o assistido que humilhara. Envergonhou-se. Tomou-lhe as mãos e agradeceu com emoção. Prometeu encontrá-lo depois.

E, no silêncio de sua intimidade, resolveu que era hora de mudar.

O acidente chegou ao conhecimento do grupo assistencial. Ao receber a visita de Ercílio, contou-lhe toda a história. O amigo carregou o semblante e falou, sério:

– Estou humilhado. Fui vencido por ela.

O guarda-livros não entendeu. O companheiro prosseguiu:

– Não consegui convencê-lo a mudar. Ela, sim.

Altivo não compreendia nada e, exasperado, perguntou, quase aos gritos:

– Ela, quem?

E Ercílio, soltando longa gargalhada, completou:

– A bengala.

222
O CONVIDADO

Cap. X – 18

Durante a festa, o convidado criticava tudo à sua volta.

A decoração do ambiente.

O encosto das cadeiras.

O formato das mesas.

A qualidade dos talheres.

A execução da música.

A alteração do som.

Além disso, não perdia a oportunidade de ironizar os demais convidados.

O jeito de um.

O andar de outro.

A voz de alguém.

O assunto por perto.

A posição do vizinho.

A conversa ao lado.

Entretanto, quando lhe foi perguntado acerca do defeito em sua vista, o impertinente convidado ficou furioso e saiu da festa.

*

A história se repete em nosso caminho.

Também somos convidados ao concerto da evolução e, com frequência, agimos de maneira inconveniente, faltando com a indulgência e a caridade.

Apontamos as falhas dos outros.

Criticamos os companheiros.

Ironizamos situações.

Contudo, embora sejamos exímios observadores da deficiência alheia, quase sempre não admitimos nossos próprios defeitos.

223
O TAPA

Cap. X – 19

Orosimbo Nonato fez fama na cidade. Homem sério. Dedicado ao trabalho. Correto.

Dono de loja de consertos, tinha a confiança dos fregueses e sua oficina era referência no reparo de máquinas e aparelhos elétricos. Comandava com competência os profissionais contratados. Não admitia erros na equipe. Repreendia com vigor o funcionário que agisse de maneira inconveniente.

Contudo, era impertinente e não aplicava em si o que repreendia no próximo. Implicava com os mais íntimos. Atormentava os empregados com repreensões seguidas. Criticava os transeuntes que paravam diante da loja. E até corria atrás dos ambulantes que faziam algazarra nas proximidades.

Eriberto, eletricista da equipe e amigo de longa data, alertava:

– A Lei Divina não proíbe repreender alguém que esteja em erro, prejudicando a paz e a segurança de nosso caminho. Entretanto, é preciso agir com moderação e bom senso.

O comerciante, porém, retrucava com força de expressão:

– Comigo, erro se resolve no tapa.

Certa manhã, um motorista estacionou seu veículo em frente à loja, no local reservado à carga e descarga. Orosimbo se exaltou. Gritou com o chofer. Exigiu que saísse. Usou palavreado chulo.

O motorista se ofendeu e enfrentou o comerciante. Após áspera discussão, ambos se atracaram e trocaram agressões físicas. Os funcionários, assustados, correram e apartaram os contendedores. Quando os ânimos serenaram, descobriu-se que o desconhecido era representante de empresa fornecedora da loja, em visita de cortesia.

Mais tarde, Orosimbo lamentava o acontecimento infeliz, e Eriberto não perdeu a oportunidade da lição. Disse, sorrindo:

– Você deu a receita.

E, antes que o comerciante falasse qualquer coisa, arrematou:

– Seu erro foi resolvido no tapa.

224
O LAVADOR DE CARROS

Cap. X – 19

O lavador de carros mostrava em si mesmo as dificuldades de seu trabalho.

Cabelo em desalinho.

Rosto suado.

Respingos de lama.

Uniforme manchado.

Entretanto, diante do veículo coberto de sujeira, não teve dúvida.

Acionou o jato d'água.

Espalhou a espuma do sabão.

Esfregou com energia.

Retirou os detritos com cuidado.

Enxaguou várias vezes.

Enxugou com capricho.

Cuidou do interior.

Lavou os tapetes.

Aspirou os assentos.

Poliu os metais.

Ao final, o veículo estava limpo e reluzente.

*

Este exemplo serve aos estudiosos do Espiritismo que alegam sua condição de imperfeitos para não combater os enganos no meio doutrinário.

É fato que estamos longe da perfeição.

Temos inúmeros sinais de inferioridade.

Contudo, diante do companheiro que se desvia da Codificação Espírita, é dever apontar-lhe os erros com a energia e o cuidado daquele lavador de carros.

225
Lenha na fogueira

Cap. X – 20

A presença de Januária Bertoldo causava temor. Era bastante conhecida de todos. Olhos inquietos. Ouvidos atentos. Língua ferina. Notava os defeitos dos outros com rapidez. Depois, de casa em casa, comentava o detalhe infeliz, espalhando maldades e ironias.

Viúva de meia-idade, não cultivava nenhum serviço útil. Frequentava diariamente o clube do bairro e garantia a vida folgada com a generosa pensão que herdara desde a perda do marido.

Era motivo de confusão na vizinhança. Incrédula, não se ligava a qualquer ideia religiosa e passava as horas cuidando de anotar as falhas dos outros.

Arminda, amiga de muitos anos e estudiosa do Evangelho, aconselhava:

– Deixe de comentar a vida alheia. Os erros do próximo só merecem atenção para que aprendamos com eles e façamos em nós a correção necessária.

A viúva, porém, argumentava com ironia:

– Comigo é diferente. Defeito dos outros é lenha na fogueira.

O tempo não alterou o comportamento da viúva. Quando, em certa noite festiva no bairro, com motivos juninos, Januária espalhou comentários maldosos acerca da vida conjugal de moradores próximos à sua casa, a situação azedou.

O casal, ao saber do assunto, passou a procurá-la durante a festa, para tirar satisfação. Ao perceber a aproximação dos vizinhos, correu. Na fuga, trombou com a fogueira e, ao cair, pedaço de lenha em chamas voou sobre ela. Correria. Exclamações. Queimaduras sérias.

No hospital, ao receber a visita da velha amiga, Januária, de rosto e corpo enfaixados, lamentou com dificuldade:

– O que fiz para sofrer tanto?

Arminda, lembrando-se da opinião da companheira sobre os defeitos dos outros e aproveitando a oportunidade para a lição, falou com tristeza:

– Você pôs lenha na fogueira.

226
Imperfeição alheia

Cap. X – 20

O prédio serviu para o professor mostrar os defeitos de construção.

Projeto equivocado.

Cálculo errôneo.

Falta de planejamento.

Execução imperfeita.

Material sem qualidade.

Ferragem inadequada.

Colunas insuficientes.

Vigas mal distribuídas.

Lajes com apoio incorreto.

Paredes sem travamento.

Além disso, durante a aula, foram sugeridas providências saneadoras.

Revisão do projeto.

Correção dos cálculos.

Descarte do material ruim.

Ajuste das colunas e vigas.

Disposição correta das lajes.

Ao apontar os erros, o professor não teceu qualquer crítica aos responsáveis pela obra, mas apenas advertiu aos alunos que não cometessem os mesmos enganos em seus próprios trabalhos.

*

É assim também que devemos agir.

Não façamos de conta que as imperfeições alheias não existam. Ao contrário, enxerguemos os erros do próximo com equilíbrio.

Sem críticas.

Sem maldades.

Sem ironias.

E, valorizando a renovação íntima, aprendamos com eles, a fim de que não se repitam em nosso caminho.

227
O LIBELO

Cap. X – 21

Juvenal Monteiro tinha a natureza complicada. Era melindroso. Ofendia-se com facilidade. Guardava rancor.

Fazia parte da instituição havia muitos anos. Frequentava assiduamente os estudos do Evangelho e a assistência aos necessitados. Contudo, era de difícil convivência. Por qualquer motivo, ficava magoado. Discutia com os companheiros. E, vez por outra, criava algum atrito com os assistidos.

Apesar do temperamento difícil, era trabalhador e correto. No grupo assistencial, desenvolvia as tarefas com tamanho empenho que os colegas admiravam sua eficiência. Além disso, tinha conceito na cidade. Soldador de profissão, era reconhecido especialista na solda com acetileno.

Ao regular a chama azulada na ponta do maçarico, exclamava com prazer:

– O fogo resolve tudo.

Certa vez, decidiu candidatar-se à diretoria da instituição. Não foi feliz. Desde esta época, tornou-se inimigo dos diretores eleitos e passou a escrever ácido libelo contra eles.

Abílio, amigo íntimo, tomou conhecimento e reagiu:

– Não faça isso, vai prejudicar a instituição inteira. Desista. Do contrário, devo avisar os companheiros para as providências cabíveis.

O denunciante, todavia, foi enfático:

– Amanhã, mando publicar.

Naquela noite, porém, um curto-circuito provocou pequeno incêndio em parte da casa de Juvenal. Quando as chamas foram apagadas e a situação ficou sob controle, Abílio estava presente. O soldador se aproximou e confessou, tristonho:

– O libelo está destruído. Não farei outro.

Abílio, exultante com a notícia, abraçou o amigo e falou:

– Como você diz, o fogo resolve tudo.

228
Obrigação

Cap. X – 21

O condutor do transporte coletivo dirigia de maneira imprudente.

Arrancadas bruscas.

Alta velocidade.

Freadas repentinas.

Curvas violentas.

Avanço de sinal.

Ultrapassagens perigosas.

Zigue-zague nas pistas.

Fechamento de veículos.

Desrespeito às faixas de segurança.

Parada insuficiente nos pontos.

Entretanto, somente quando tal comportamento

foi revelado à empresa responsável, as imprudências do condutor foram eliminadas.

*

Algo semelhante acontece nas instituições doutrinárias.

Alguém age de maneira contrária aos ensinamentos do Evangelho na condução do grupo assistencial.

Cultiva o personalismo.

Afasta colaboradores.

Desconhece a fraternidade.

Nessas circunstâncias, a caridade bem compreendida indica a obrigação de desvendar o mal que nasce de tais atitudes, a fim de que não corram risco os benefícios prestados pela instituição.

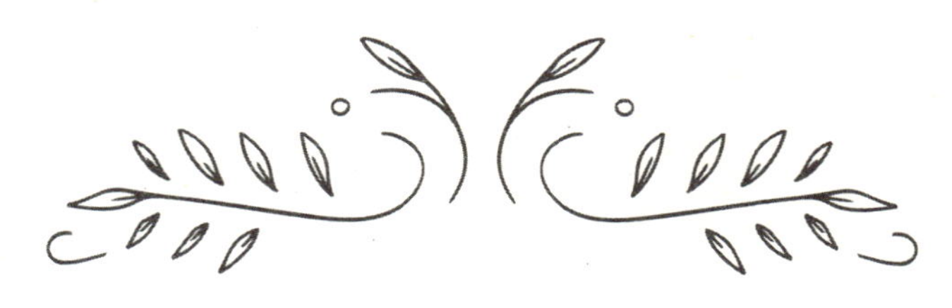

229
Uns pelos outros

Cap. XI – 1, 2 e 4

Abílio Monteiro era homem de prestígio. Comerciante de talento, criara poderosa rede de comércio. Cadeia de lojas. Inúmeros funcionários. Empresa sólida.

Fizera nome, em toda a região, como pessoa correta e caridosa. Espírita de berço, era presença assídua nos estudos do Evangelho e no grupo de auxílio aos necessitados. Além disso, participava de várias entidades assistenciais que ajudava no sustento.

Na empresa, organizara amplo esquema de assistência. Creche. Bolsa de estudo. Restaurante. Clube de lazer. Comparecia às reuniões periódicas com os funcionários e encerrava suas palestras com uma frase que se tornou mote precioso para todos.

– Somos uns pelos outros – dizia sob aplauso geral.

Contudo, quando um de seus melhores administradores lhe comunicou a transferência para outra empresa, Abílio ficou enciumado. Irritou-se. Negou carta de apresentação.

A notícia chegou até Oclécio, companheiro das tarefas de assistência. O amigo argumentou com ênfase:

– Não entendo. Você é sempre solidário e tem bom coração. Conhece o Evangelho e sabe que Jesus ensina que devemos fazer pelos outros o que gostaríamos que os outros fizessem por nós. Por que tanta dureza?

O empresário, porém, retrucava, magoado:

– Ele que se arranje. Não movo uma palha.

Anos depois, forte crise se abateu sobre o ambiente empresarial. Abílio entrou em dificuldade e precisou de socorro urgente. Procurou renomada instituição financeira, que lhe exigiu ser apresentado por fiador de confiança.

Na situação em que se encontrava, não conseguiu. Desanimado, já esperava o pior, quando recebeu correspondência informando a liberação do émprestimo. Soube, depois, que o ex-empregado, a quem não dera ajuda, fizera a apresentação.

Quando se encontraram, o empresário comentou, envergonhado:

– Você me deu o que lhe neguei. Por quê?

O antigo funcionário, agora graduado diretor da instituição financeira, sorriu e respondeu com amabilidade:

– O senhor me ensinou que somos uns pelos outros.

230
Alegações

Cap. XI – 1, 2 e 4

O marido chamou a esposa e fez inúmeros pedidos.

Chinelos.

Almofadas de apoio.

Água e café.

Óculos de leitura.

Pasta de documentos.

Cadastro de clientes.

Livros de consulta.

Papel e caneta.

Agenda de endereços.

Envelopes.

Contudo, quando lhe foi solicitada rápida providência na padaria do bairro, desfiou um rol de alegações.

Cansaço.

Horário ruim.

Local distante.

Trânsito difícil.

Mau tempo.

Embora atendido várias vezes pela esposa, o marido não teve disposição para resolver simples problema doméstico.

*

Também agimos assim.

Achamos fácil pedir a ajuda do Alto, mas alegamos dificuldade para fazer o que o Evangelho nos pede.

231
A PANELA

Cap. XI – 3 e 4

A vida de Genivaldo Dantas não era fácil. Arrimo de família. Parentela numerosa. Penca de filhos. Vigilante noturno de empresa sediada no bairro em que morava, tinha ganho certo. Punha em casa o necessário. Garantia a subsistência dos familiares.

Contudo, era bastante conhecido pelo egoísmo extremo e o consumismo exagerado. Não se importava com ninguém e comprava em excesso, sempre acima de suas posses. Fazia trocas frequentes de seus pertences. Geladeira. Aparelhos de som e imagem. Móveis. Utensílios de cozinha. E de tal forma abusava do crediário, que acabou inadimplente.

Quando a loja ameaçou a cobrança litigiosa, Genivaldo foi ao gerente. Rogou paciência. Pediu mais prazo. Quis novo parcelamento. Após longa conversa, o gerente se tocou e atendeu ao pedido. A dívida ficou mais em conta.

Felício, vizinho que havia comprado do vigilante uma panela de pressão já em uso, soube do acordo. Também estava endividado. Pagara duas prestações e ainda devia três. Procurou Genivaldo.

Começou a falar, cabisbaixo:

– Preciso de tempo.

O credor respondeu com rispidez:

– Não posso dar.

O vizinho insistiu:

– Você teve ajuda. Quero negociar.

O vigilante, porém, sentenciou, encerrando o assunto:

– Não aceito. Pague o restante ou devolva a panela.

Mais tarde, Felício entregou a panela, mas sem a parte de cima. E, antes que Genivaldo reclamasse, explicou, sério:

– A tampa é por conta das duas prestações.

E foi embora.

232
Cobrança

Cap. XI – 3 e 4

O comerciante, com a notificação de cobrança em mãos, foi ao departamento público. Recebeu explicações.

Impostos devidos.

Taxas sem pagamento.

Contribuições em atraso.

Juros de mora.

Multas pesadas.

O lojista, então, procurou o chefe de serviço. Expôs os fatos e pediu tolerância.

Crise no comércio.

Movimento fraco.

Vendas em baixa.

Mercadorias em alta.

Queda do poder aquisitivo.

Tributos exorbitantes.

Despesas enormes.

Aperto financeiro.

Diante da situação crítica, o chefe, apoiado pelos superiores, concedeu a anistia pretendida.

Quando, porém, mais tarde, um cliente da loja solicitou alguma vantagem no pagamento da compra, o comerciante esbravejou e negou qualquer concessão ao freguês.

*

Vivemos situação semelhante.

Trazemos dívidas do passado.

Falhamos no presente.

Desperdiçamos tempo e oportunidades.

Negligenciamos o esforço de renovação íntima.

Contudo, quando recebemos a cobrança da Lei Divina, rogamos a misericórdia de Deus, mas somos incapazes de perdoar ao próximo.

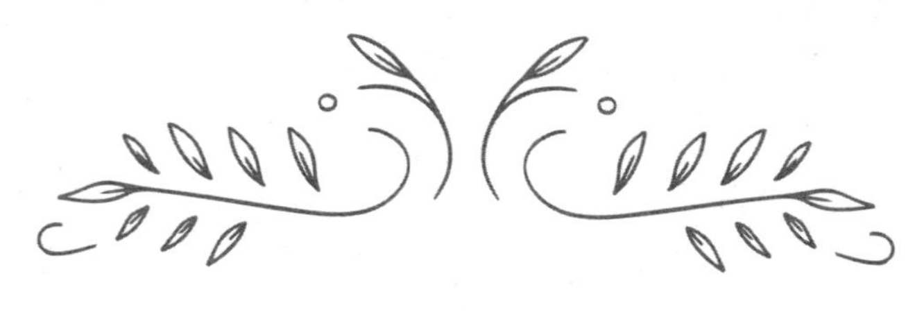

233
O PRAZO

Cap. XI – 5 a 7

Bento Figueira era bastante conhecido. Funcionário aposentado, valia-se dessa condição para ter alguma vantagem na vida cotidiana. Simpatizante do Espiritismo, frequentava os estudos do Evangelho e a assistência fraterna. Pessoa simpática. Riso fácil. Fala gentil.

Contudo, tinha um defeito desagradável. Pedia prazo para tudo. Era exigente. Não aceitava negativa. Chegava mesmo a ferir o direito alheio.

Morador antigo da cidade, havia certa tolerância com suas atitudes. Quando, porém, Bento comprou pipoca no parque e disse ao pipoqueiro que só pagaria no mês seguinte, a situação tornou-se insustentável.

Os companheiros da instituição se movimentaram. Foram encontrá-lo, à tarde, na praça principal. Eurico, o amigo mais próximo, entrou no assunto e citou o Evangelho:

– Jesus ensinou que se deve dar a César o que é de César. Isso significa que devemos respeitar o direito de cada um e não prejudicar ninguém. Nem todos podem esperar um pagamento e não é sempre que precisamos de prazo.

Bento ouviu, calado. Agradeceu a preocupação dos amigos. Prometeu mudar de conduta.

Logo após as despedidas e mal haviam se separado, ouviu-se estridente freada. Os companheiros correram para o local. Bento, por descuido, sofrera acidente. Fratura exposta. Socorro imediato. Presença no hospital.

Depois dos exames, o cirurgião falou, sério:

– Tem de ser operado imediatamente.

O funcionário, assustado, contestou:

– É tão urgente assim?

Quando o médico assentiu com a cabeça, Bento perguntou, para espanto de todos:

– O senhor não dá um prazo?

234
Tributo

Cap. XI – 5 a 7

O homem foi à repartição pública e cumpriu seu dever.

Pagou impostos.

Saldou contribuições.

Liquidou taxas.

Reconheceu débitos.

Assumiu compromissos.

Resolveu pendências.

Assinou papéis.

Deu garantias.

Aceitou prazos.

Recebeu comprovantes.

Quando saiu, foi abordado por jovem maltrapilho que lhe pediu ajuda. O homem zangou-se.

Interrogou o rapaz.

Questionou a precisão.

Perguntou a idade.

Quis o endereço.

Falou em trabalho.

Por fim, após longa prédica, negou o auxílio e foi embora.

*

Às vezes, fazemos assim no dia a dia.

Estudiosos do Evangelho, agimos de maneira contraditória. Cumprimos com rigor as obrigações materiais, dando a César o que é de César, mas quase sempre recusamos ao próximo o tributo da fraternidade, negando a Deus o que é de Deus.

235
Teoria e prática

Cap. XI – 8

Ernesto Fontes era bom de teoria. Prosa fácil. Argumento claro. Vocabulário rico. Advogado de experiência, era homem culto. Espírita havia longa data, acumulara apreciável conhecimento no campo doutrinário.

Contudo, pouco ligava à assistência fraterna. Não gostava do trabalho de auxílio ao próximo. Era estudioso. Leitor dedicado. Expositor vibrante. Fizera nome em toda a região como conferencista de prestígio.

Quando foi eleito presidente da instituição, programou reunião festiva para a cerimônia de posse. Na noite da data escolhida, o clima era de euforia. Recinto lotado. Companheiros em peso. Convidados de cidades vizinhas.

O discurso do presidente emocionava. Ernesto esmerava-se nas frases e, ao terminar sua oração, dizia com entusiasmo:

– A reencarnação é uma bênção em nossa vida. Ela permite reconsiderar o passado, corrigir os erros, aprender a amar o próximo. Enfim, ensina a cultivar o Espírito rumo à perfeição. E, em torno de nós, há uma multidão de necessitados. Ouço o gemido dos doentes e o choro das crianças famintas. Vejo as lágrimas das mães em sofrimento e o desespero do chefe de família em necessidade. Eles esperam por nós. Rogam nosso amparo. Mãos à obra, pois. Respeitemos o chamamento divino para a lei de amor.

Ao final, aplausos prolongados. Encerrada a reunião, o conferencista foi cercado pelos presentes para os cumprimentos e trocas de ideias. Abraços. Comentários elogiosos. Frases de admiração.

Algum tempo depois, Ernesto foi embora. Ao chegar a casa, encontrou alguém à sua espera, junto ao portão de entrada. O homem de meia-idade se apresentou e disse, humilde:

– Ouvi seu discurso. Sou assistido da instituição e preciso de ajuda.

O advogado respondeu, contrafeito:

– O que deseja?

O desconhecido, mais animado, continuou:

– Sou arrimo de família, e o senhor, como presidente...

Foi interrompido por Ernesto, que, contrariado, encerrou o assunto sem a menor cerimônia, falando:

– Eu moro aqui, mas o endereço do presidente é outro.

Fechou o portão e entrou em casa.

236
Dama da caridade

Cap. XI – 8

A dama da caridade passou o dia preparando-se para a festa em sua homenagem.

Esteve na academia de ginástica.

Recebeu massagens relaxantes.

Tomou banho de sais.

Conferiu o vestido de gala.

Gostou do modelo escolhido.

Combinou roupa e sapatos.

Acertou a seleção de joias.

Foi ao salão de beleza.

Cuidou dos cabelos.

Preferiu penteado diferente.

Esmaltou as unhas.

Fez pintura no rosto.

À noite, ao sair de casa para a cerimônia, encontrou a mulher e o bebê. Ouviu as queixas da mãe aflita.

A doença do filho.

A receita a ser aviada.

A falta do leite.

As panelas vazias.

Entretanto, a benfeitora homenageada alegou pressa no compromisso e se desculpou com a mulher pela impossibilidade de atendê-la.

*

Tal situação nos surpreende algumas vezes.

Já frequentamos a seara do Evangelho e participamos das inúmeras atividades de auxílio aos necessitados. Contudo, apesar de todo o conhecimento a respeito das lições de Jesus, ainda não conseguimos dar ao próximo o amor que damos a nós mesmos.

237
A JARDINEIRA

Cap. XI - 9

Dona Lili Rocha era apaixonada por plantas. Jardineira de talento, passava várias horas junto aos canteiros. Cavava. Semeava. Podava. Acariciava as flores.

Mãe amorosa, cuidava da casa e dos seus com extremo zelo. Seu mundo resumia-se no lar, ao qual se dedicava com devoção.

Até há algum tempo, fazia parte de clube de senhoras, em campanhas de solidariedade. Era entusiasta do trabalho. Campeã de iniciativas. Líder de arrecadação. Contudo, depois que sofreu forte decepção com funcionária de confiança, abandonou a assistência fraterna.

A amiga Cândida, companheira de tarefas assistenciais de outrora, falava-lhe com carinho:

– Você é rica de amor. Precisa expandir esse tesouro para além do círculo estreito da família. Voltar a se comover com a infelicidade alheia. Estar novamente com aquele que pede ajuda. Ninguém perde o amor que guarda no coração.

A jardineira, porém, respondia, reticente:

– Hoje, minhas paixões são a família e as plantas.

O tempo passou. Certa vez, o clube de senhoras se comprometeu com campanha de auxílio a uma criança doente. Caso grave. Tratamento na Capital. Ajuda financeira.

Lili foi convidada. Resistiu. As amigas insistiram. A jardineira vacilou. Virou a cabeça para o lado. Olhou para cima. E justificou:

– Perdi a prática. Não sei mais cuidar dessas coisas.

Cândida, no entanto, levantou-se e, dirigindo-se à amiga, surpreendeu a todos, sentenciando:

– Então, faça de conta que é uma planta.

A jardineira abriu largo sorriso e, desde então, voltou a participar da assistência fraterna.

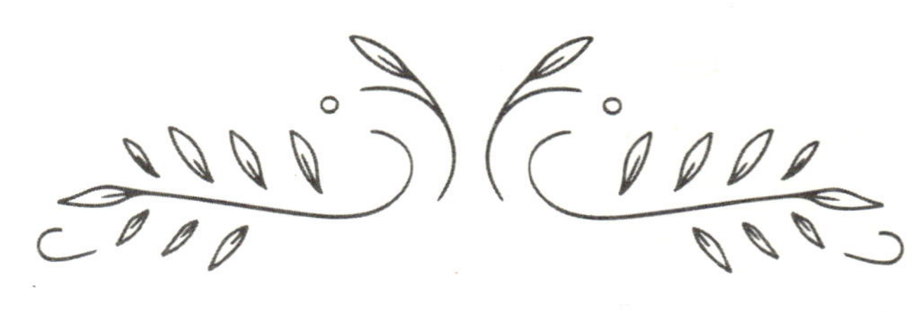

238
Desvio

Cap. XI – 9

A senhora tinha muito apego a casa e passou todo o dia se entretendo com seus pertences.

Vistoriou os armários.

Examinou os vestidos.

Conferiu os sapatos.

Experimentou as joias.

Admirou as obras de arte.

Acariciou os móveis de estilo.

Alisou os tapetes nobres.

Abriu os faqueiros.

Mexeu nos cristais.

Comparou os enfeites da sala.

Embevecida com os objetos de seu gosto, ausentou-se de tarefas importantes.

Não acompanhou o filho à escola.

Deixou de orientar a funcionária.

Foi desatenciosa com o marido.

Em razão de tamanho amor a seus pertences, acabou desviando-se de compromissos familiares.

*

Corremos o mesmo risco na assistência aos necessitados, quando nos apegamos em excesso às formalidades da instituição a que pertencemos.

Gostamos do ambiente assistencial.

Valorizamos as etapas do serviço.

Sentimo-nos bem entre suas paredes.

Contudo, por esse apego aos detalhes do trabalho, muitas vezes desviamos todo o nosso sentimento à assistência em si e deixamos de dar aos assistidos o amor que eles esperam.

239
O PNEU FURADO

Cap. XI – 10

Ernesto Santana era comerciante bem-sucedido. Loja grande. Estoque variado. Freguesia certa.

Cidadão conceituado, tinha o respeito da comunidade por sua trajetória de vida. Começara de baixo. A princípio, balconista. Depois, gerente. Por fim, dono do próprio negócio.

Chefe de família exemplar, dava aos seus todo o conforto possível. Era conhecido pela generosidade com os parentes, aos quais ajudava com frequência. Contudo, tinha forte resistência a socorrer pessoas estranhas ao círculo familiar.

Recentemente, recusara ajuda financeira a antigo chofer de praça. Os comentários ferveram na pequena cidade. Fábio, companheiro de clube e espírita havia longa data, tocou no assunto mais de uma vez com o amigo. Dizia com veemência:

– A família humana deve ir além do sangue e do sobrenome. Somos todos filhos de Deus. Dependemos uns dos outros. Amemos o próximo, para sermos amados. Façamos por ele o que gostaríamos que ele fizesse por nós.

O comerciante, no entanto, respondia, amuado:

– Cada um que se cuide.

Algum tempo depois, Ernesto viajou para localidade próxima. No meio do caminho, teve dificuldades com o automóvel. Não conseguia trocar um pneu furado.

Por sorte, todavia, logo parou um carro. Era o chofer a quem o apoio fora negado. O motorista trocou rapidamente o pneu. Ernesto quis pagar. Ele não aceitou e deu a explicação:

– Não precisa, todos dependemos uns dos outros.

Quando regressou da viagem, o comerciante mudou de comportamento. Começou a colaborar com instituições assistenciais. Passou a ajudar pessoas necessitadas.

Fábio, sabendo das novidades, insistia em saber o motivo de tão repentina mudança. Ernesto, porém, apenas sorria e falava, enigmático:

– O motivo foi um pneu furado.

240
Simples

Cap. XI – 10

A senhora se dedicava intensamente à vida de família.

Zelava da casa.

Atendia o marido.

Cuidava dos filhos.

Amparava os familiares.

Socorria os parentes.

Além disso, fora do lar, tinha atitudes nobres e simpáticas.

Era sempre gentil.

Cumprimentava a todos.

Ajudava os vizinhos.

Confortava os infelizes.

Visitava os doentes.

Assistia os idosos.

Auxiliava na assistência fraterna.

Servia os alimentos.

Distribuía roupas.

Orientava gestantes.

Conversava com as mães.

Ensinava as crianças.

Agindo assim, consciente da lei do amor, trazia dentro de si a paz e a felicidade que ofertava aos outros.

*

Este exemplo nos ajuda a compreender como é simples o amor ao próximo.

Basta que sejamos suficientemente honestos e conscienciosos para darmos a alguém exatamente aquilo que esperamos que esse alguém dê a nós.

241
A caneta

Cap. XI – 11

Edinho Pedreira aguardava o momento de proferir a palestra. Homem de talento. Espírita culto. Conferencista de prestígio. Era convidado certo em seminários, congressos e outros eventos comemorativos. Afável e de sorriso fácil, encantava a todos. Contudo, os amigos mais íntimos conheciam-lhe o temperamento difícil. Não abria mão de nada que era seu. Não sabia ser desprendido.

Naquela noite, o recinto estava lotado. Instituição pobre. Gente simples. Os presentes apreciavam ainda a apresentação literomusical, comum nessas ocasiões. Enquanto isso, Edinho rememorava os pontos importantes de sua fala.

Absorto neste intento, foi interrompido pelo presidente da Casa, que lhe cochichou ao ouvido:

– Preciso de sua caneta.

Diante do olhar surpreso do convidado, o companheiro explicou:

– É para as assinaturas de presença.

A contragosto, o conferencista tirou do bolso uma caneta comum e atendeu ao pedido. Logo após, foi chamado a se pronunciar.

Iniciou suas palavras sobre o amor ao próximo com emocionada exaltação. Reportou-se às lições de Jesus. Recordou o devotamento dos apóstolos. Lembrou o martírio dos primeiros cristãos. Depois, peregrinou através do tempo, revelando a abnegação dos missionários do bem. Por fim, trouxe o egoísmo como contraponto ao amor. A certa altura, disse com veemência:

– O egoísmo se mascara de muitas maneiras. Um de seus disfarces é o sentimento de posse. O egoísta não tolera perder. Não admite ceder alguma coisa a alguém. É preciso extirpá-lo, bani-lo para sempre de nosso Espírito.

E, de frase em frase, Edinho construiu brilhante discurso. Ao final da palestra, foi muito aplaudido. Já cercado pelos admiradores que desejavam conhecê-lo de perto, virou-se para o presidente e perguntou, preocupado:

– E a minha caneta?

O companheiro, desejando homenageá-lo, falou em voz bem alta, para que fosse ouvido por todos os presentes:

– Podemos ficar com sua caneta? Como lembrança?

O conferencista carregou o semblante e retrucou, para surpresa geral:

– Não, ela é minha. Devolva.

O convidado havia falado com sucesso a respeito do egoísmo e ele mesmo foi o exemplo vivo de sua palestra.

242

O RELÓGIO

Cap. XI – 11

O relógio era modelo de tecnologia e luxo.

Formato moderno.

Pulseira elegante.

Caixa delicada.

Metal nobre.

Pedras preciosas.

Vidro saliente.

Mostrador sofisticado.

Números brilhantes.

Ponteiros luminosos.

Calendário inteligente.

Registro de estações.

Fases lunares.

Despertador.

Cronômetro.

Entretanto, apesar de todo o avanço no mecanismo, o relógio era inútil, pois uma peça alterada dentro dele impedia o funcionamento.

*

Alguma coisa igual pode acontecer conosco.

Somos muitas vezes apontados como modelos de sucesso na vida.

Vencemos no mundo dos negócios.

Galgamos elevada posição social.

Conquistamos cargos importantes.

Contudo, apesar dos triunfos, o egoísmo dentro de nós impede que façamos ao próximo todo o bem que lhe podemos fazer.

243
O MARIMBONDO

Cap. XI – 12

Salete Cerqueira sempre fora digna de admiração. Mulher de meia-idade. Mestra experiente. Doutora no assunto. Dirigia instituição especializada. Escola destinada a crianças com necessidades especiais.

Conquistara o respeito da comunidade pelo trabalho bem-sucedido. Comandava enorme equipe de auxiliares e especialistas de variados setores. Tinha talento. Trouxera para a escola método inovador de ensino e fizera nome, em toda a região, como referência na especialidade. Acolhia, para orientação, alunos de outras localidades. Recebia grupos interessados em aperfeiçoamento. Dava palestras em diversas instituições. Não havia dúvida de que Salete era merecedora de todos os elogios.

Contudo, o sucesso lhe subira à cabeça. Tornara-se egoísta. Considerava somente seu o mérito de todo o trabalho. Era excessivamente rígida e controlava a escola com arrogância e mão de ferro. Julieta, a colega mais íntima e espírita versada nos ensinamentos de Jesus, advertia a amiga:

– Mude de atitude. Desista da rigidez. Livre-se do egoísmo. São inimigos da caridade. E o Evangelho ensina que só a caridade garante a paz e a segurança em nossos caminhos.

A diretora, no entanto, continuava a mesma. Com o passar do tempo, começaram a surgir deserções na escola. Especialistas abandonaram tarefas. Professores se afastaram. Salete afirmava não entender os acontecimentos.

Certo dia, conversava a respeito com Julieta, quando ouviram gritos e correria na praça em frente. Logo, alguém contou a causa do tumulto. Marimbondos apareceram de repente, e as pessoas ali presentes, assustadas, fugiram às pressas.

Ao ouvir o motivo da confusão, Julieta levantou-se e, aproximando-se da amiga, disse-lhe, referindo-se à crise na escola:

– É fácil explicar o que está acontecendo aqui.

Olhou para os lados e completou, quase num murmúrio:

– Você é o marimbondo.

244
Caixa d'água

Cap. XI – 12

A caixa d'água dominava o cenário.

Estrutura metálica.

Porte elegante.

Formato de taça.

Degraus de inspeção.

Interior protegido.

Pintura própria.

Visão agradável.

O reservatório fora planejado para servir a instituição inteira.

Recepção.

Setor administrativo.

Unidade de atendimento.

Varandas.

Áreas de lazer.

Jardins.

Horta e pomar.

Combate a incêndio.

Entretanto, quando foi colocada em serviço, a caixa d'água não abasteceu a instituição, pois o encanamento de saída estava totalmente obstruído.

*

Vivemos muitas vezes situações parecidas.

Dominamos o cenário social.

Guardamos barras de ouro.

Acumulamos títulos acadêmicos.

Contudo, apesar de toda a riqueza, não beneficiamos o próximo, porque os detritos do egoísmo impedem que o fluxo da caridade saia de nosso coração.

245
A FRASE

Cap. XI – 13

A cidade inteira conhecia Belarmino Dantas. Homem de posses. Solteiro convicto. Pessoa generosa.

Ajudava todos aqueles que lhe batiam à porta. Garantia o alimento aos idosos famintos. Distribuía roupas e agasalhos às mulheres e crianças na miséria. Era a providência aos doentes sem recursos. Além disso, amparava estudantes pobres e colaborava constantemente com as instituições assistenciais.

Belarmino era realmente o benfeitor dos desvalidos. Sentia-se feliz ao dar felicidade ao próximo. Gastava pequena fortuna com obras sociais e, quando questionado sobre o assunto, tinha uma frase pronta como resposta. Dizia, despreocupado:

– Dinheiro é redondo. Vai e volta.

Contudo, apesar da constante dedicação ao bem, não tinha fé. Desilusão antiga, motivada por trágico acontecimento. Perdera a noiva de seus sonhos às vésperas do casamento. Doença grave. Evolução fulminante. Desfecho fatal. Desde então, ficara descrente.

Josimar, espírita atuante, conversava a respeito com o amigo:

– Você é um homem bom. Ainda vai ter fé. Vai ter a certeza de que a morte não existe e saber que o amor transcende à vida material, percorre os caminhos da eternidade e está sempre em nosso coração.

Belarmino apenas sorria, frente às palavras do companheiro.

Certo dia, teve problemas de saúde e foi hospitalizado. Quando a notícia se alastrou, uma multidão se reuniu diante do hospital. Beneficiados. Amigos. Admiradores. Oravam em voz alta. Queriam notícias do benfeitor. Visitá-lo, se possível.

Ao saber dos acontecimentos, Belarmino se surpreendeu. Contudo, Josimar, que o acompanhava, fez longo discurso sobre a caridade e, recordando a expressão costumeira do amigo, parafraseou:

– O bem é redondo. Vai e volta.

246
ATO DE AMOR

Cap. XI – 13

O cientista tinha à sua volta todo tipo de recurso.

Laboratório completo.

Microscópio avançado.

Aparelhos sensíveis.

Centrífugas modernas.

Placas de cultivo.

Frascos variados.

Pipetas de todo tamanho.

Técnicos à disposição.

Assistentes interessados.

Apoio acadêmico.

Entretanto, o mais importante era a persistência do pesquisador.

Varava noites de trabalho.

Repetia culturas.

Fazia experimentos.

Anotava conclusões.

Tamanha era a crença do cientista na pesquisa, que acabou descobrindo poderoso medicamento, destinado a salvar inúmeras vidas.

*

Tal conduta serve de exemplo a todos nós.

Trabalhadores do Evangelho, também contamos com muitos recursos.

Somos parte de um grupo.

Temos companheiros diligentes.

Recebemos o estímulo da comunidade.

Contudo, apesar de todo o apoio, o mais importante é acreditar no que fazemos, pois somente a fé no bem que procede de Deus é capaz de transformar nosso gesto de caridade em verdadeiro ato de amor.

247
Pena de morte

Cap. XI – 14

Januário Fontes era bem conhecido na pequena cidade. Caridoso. Gentil. Simpático.

Comerciante de meia-idade, gostava de ficar sentado na cadeira de fios, diante de seu estabelecimento. Ali, apreciava o movimento. Conversava com os amigos. Atendia as pessoas que lhe pediam auxílio. Cumprimentava os fregueses que entravam. Era o exemplo do bem para toda a redondeza e tinha o respeito de quantos o conheciam.

Contudo, quando a loja foi assaltada, a situação se alterou. Ladrões jovens. Quase meninos. Inexperientes. Januário se atracou com um deles e saiu do conflito bastante machucado. Desde então, mudou de atitude. Ficou revoltado. Parou de ajudar os outros. Referia-se sem piedade aos infratores da lei e terminava suas palavras com uma frase candente. Dizia, com raiva:

– Pena de morte para eles.

Baltazar, vizinho de formação religiosa, comentava com o amigo sobre o assunto:

– Esqueça o incidente. O que passou, passou. Jesus conversou com o ladrão arrependido e garantiu a ele a oportunidade de se renovar. Volte a ser a pessoa boa que sempre foi, pois a falta de caridade também é delito frente às Leis Divinas.

O comerciante, porém, não se conformava. Os anos se passaram. Certo dia, Januário caiu de uma escada e ficou gravemente ferido. Múltiplas fraturas. Sangramento rebelde. Várias cirurgias.

Quando recebeu a visita de Baltazar, perguntou, preocupado:

– Será que estou pagando pela falta de caridade?

O amigo movimentou rapidamente a boca, olhou para cima e respondeu, enigmático:

– Pode ser, mas pelo menos...

Fez uma pausa e, ante o olhar de interrogação de Januário, continuou:

– ...você se livrou da pena de morte.

248
Lição da caridade

Cap. XI – 14

O homem tinha gestos generosos.

Dava esmolas.

Fazia doações.

Ajudava entidades.

Garantia assistências.

Premiava os funcionários.

Beneficiava as famílias.

Entretanto, era diferente no trato com as pessoas.

Fisionomia carregada.

Olhar duro.

Sorriso ausente.

Conversa seca.

Resposta contundente.

Maneira brusca.

Apesar da generosidade, o homem não mostrava atitude benevolente com o semelhante.

*

Esta situação se repete no trabalho assistencial.

Há colaboradores que se esforçam no atendimento aos necessitados.

Favorecem com o pão.

Servem o prato de sopa.

Costuram a peça de roupa.

Distribuem o remédio.

Contudo, embora dedicados ao socorro do próximo, tais colaboradores agem de maneira estranha no grupo e se desentendem com os demais companheiros, de tal forma que sabem fazer a beneficência, mas ainda não aprenderam a lição da caridade.

249
A INTRIGA

Cap. XI – 15

Sinhá Pimenta era famosa nas redondezas. Viúva disposta. Bem-falante. Saúde conservada.

Perdera o marido havia longa data e, desde então, sobrevivia com renda garantida. Não tinha preocupações familiares. Os filhos, já adultos e com vida própria, residiam em locais distantes.

Era dona de casa confortável e morava só. Andava por toda a vizinhança e conhecia com pormenores a situação de cada família. Contudo, sua presença não era bem-vinda. Sinhá fazia intrigas com naturalidade. Infelicitava os lares. Uma vez, quase desmanchara o casamento de um dos filhos. Outra ocasião, fizera inimigos alguns vizinhos que antes se davam bem. Era temida por todos.

Judite, conhecida de muitos anos, advertia a amiga:

– Deixe de conversa atravessada. Faça suas visitas, mas não torture as pessoas. Pare de arruinar amizades, pois destruir uniões é malfeitoria grave.

A viúva, porém, tinha compulsão às intrigas. Deixava sempre um rastro de dor após suas conversas.

Certa manhã, forte temporal desabou sobre a cidade. O bairro foi tomado pela enchente. Ruas alagadas. Casas invadidas pela água. De repente, diante do olhar atônito dos vizinhos, Sinhá foi arrastada pela enxurrada violenta. Debatia-se. Gritava. Pedia ajuda. Houve indecisão. Ninguém se movia. E surgiu até palpite para deixá-la na correnteza.

Por fim, um policial residente no bairro se arriscou, amarrado a uma corda sustentada pelos outros. Em pouco tempo, salvou a viúva, que, em todo o trajeto de volta, conversava sem parar com ele.

Logo que ambos chegaram a lugar seco e seguro, sob o aplauso dos presentes, o herói estava com a fisionomia carregada e saiu rapidamente, sem dar atenção aos admiradores que queriam cumprimentá-lo.

Mais tarde, todo o bairro soube da notícia. Sinhá conhecia a noiva do policial e, durante o salvamento, fizera mais uma intriga.

250
REFLEXÃO

Cap. XI – 15

A enfermidade fazia vítimas em toda a prisão. Os sintomas revelavam a gravidade do processo infeccioso.

Doença contagiosa.

Febre alta.

Suores abundantes.

Fraqueza intensa.

Emagrecimento rápido.

Tremores intermitentes.

Crises convulsivas.

Sonolência acentuada.

Estado comatoso.

Desfecho fatal.

Os doentes eram atendidos em hospitais especializados da região.

Terapia intensiva.

Isolamento necessário.

Manuseio adequado.

Contato direto.

Entretanto, apesar do risco de contágio, médicos e auxiliares atuavam com presteza, para salvar a vida de inúmeros malfeitores.

*

Este relato é motivo de séria reflexão sobre nós mesmos.

Trabalhadores do Evangelho, topamos com a realidade dura de irmãos condenados à miséria.

Passam fome.

Ficam debilitados.

Adoecem facilmente.

Contudo, diante deles, nem sempre estamos dispostos a colocar em risco nosso comodismo para lhes dar a oportunidade de continuar vivendo.

251
O BOLO

Cap. XII – 1 e 2

– Amar o inimigo? É impossível.

Era assim que pensava Jurandir Torquato. Boa pessoa. Trabalhador correto. Jovem ainda.

Ocupava cargo de confiança em repartição pública da pequena cidade. Conhecia a população inteira e tinha bom relacionamento com todos. Cativava pela simpatia e gentileza.

Era admirado sobretudo pela maneira jocosa com que encarava sua enfermidade. Diabético desde a infância, vivia sob rigoroso regime alimentar. Cuidadoso, respeitava as recomendações médicas e dizia, sorridente:

– O doce é meu inimigo.

Contudo, apesar do temperamento alegre e expansivo, tinha interesse nos aspectos mais sérios da existência. Importava-se com a vida futura e com o conhecimento religioso, mas cultivava opiniões próprias.

Naquela tarde, Jurandir fazia ligeiro lanche na confeitaria, junto aos amigos. A conversa girava em torno da passagem evangélica sobre o amor aos inimigos. Adauto, antigo companheiro e espírita entusiasmado, tentava explicar o significado amplo do verbo amar.

Nesse ponto da conversa, com o movimento da confeitaria mais intenso, o vizinho de balcão pediu um bolo com cobertura de açúcar. Jurandir aguçou a vista em direção ao doce. Estalou a língua, virou-se para o amigo com o olhar triste e lamentou:

– Se eu pudesse...

Adauto, ao ouvir a frase, deu sonora gargalhada e, para o espanto do amigo, comentou:

– Ora, ora, o impossível acontece. Você está amando o inimigo.

252
GARANTIA

Cap. XII – 1 e 2

O campo era de vegetação baixa e guardava surpresas.

Plantas rasteiras.

Capinzal raso.

Ramagem espinhenta.

Folhas urticantes.

Moita de carrapichos.

Insetos nocivos.

Animais peçonhentos.

O homem caminhava com dificuldade. De repente, sentiu a mordida na perna e, quando viu a cobra se arrastando, deu um salto para trás.

Ficou furioso.

Odiou o agressor.

Perseguiu o réptil.

Pisoteou a folhagem.

Golpeou o mato.

E tanto tempo gastou na perseguição ao inimigo, que demorou a buscar o socorro médico, colocando em risco a própria saúde.

*

Também nós atravessamos o campo da vida e enfrentamos situações hostis.

Comentários maldosos.

Acusações falsas.

Agressões gratuitas.

Desconfianças sem motivo.

Contudo, ao recebermos o bote traiçoeiro, o mais certo é não odiar o inimigo e curar logo a ferida aberta pelo golpe, usando os recursos do amor e do perdão para garantir a saúde e o equilíbrio da alma.

253
A RECONCILIAÇÃO

Cap. XII – 3

Otoniel Seixas tinha tudo para ser feliz. Cidadão benquisto. Comerciante bem-sucedido. Família equilibrada.

Morador antigo da pequena cidade, conquistara enorme prestígio por sua conduta correta e generosa. Tido por modelo de honradez e benevolência, era respeitado e admirado por toda a população.

Contudo, havia algum tempo, revelava persistente tristeza. Homem de muitas amizades, ficara chocado pela existência de um inimigo. Funcionário demitido. Técnico de manutenção, ao qual dedicava muito apreço, descuidara da instalação elétrica e fora responsabilizado por curto-circuito de graves consequências. Impossível sua permanência na empresa. Foi embora.

Desde então, ficara inimigo do comerciante. Espalhava ofensas. Fazia denúncias. Semeava calúnias.

Adepto sincero das ideias cristãs, Otoniel buscava consolo nas leituras do Novo Testamento e ficava perplexo com a exortação do Cristo ao amor aos inimigos. Comentava o assunto com Adonias, espírita experiente. O velho amigo dava explicações. Falava, convicto:

– Não se pode ter pelo desafeto o mesmo sentimento que se tem pelo amigo. Quando Jesus recomendou amar o inimigo, quis dizer que não se deve odiá-lo, nem impedir qualquer possibilidade de reconciliação.

Adonias dissertava longamente sobre o tema, e o comerciante ouvia com atenção.

Anos mais tarde, Otoniel recebeu carta do antigo funcionário. Estava muito doente. Queria reconciliação. Pedia visita. A cidade inteira soube quando o comerciante foi ao hospital.

O encontro se deu sob forte emoção. Palavras amáveis. Abraços. Lágrimas de ambos os lados. O outrora inimigo tomou as mãos do ex-patrão e balbuciou, entre soluços:

– Peço perdão. Foi uma loucura.

Otoniel, no entanto, também comovido, respondeu, sorridente:

– Foi só um curto-circuito.

254
Pronto-socorro

Cap. XII – 3

O homem entrou na residência e agiu como inimigo.

Humilhou o proprietário.

Desrespeitou a dona de casa.

Amedrontou as crianças.

Ameaçou os familiares.

Agrediu os funcionários.

Exigiu dinheiro.

Apropriou-se de bens.

Procurou por joias.

Arrebentou armários.

Destruiu gavetas.

De repente, porém, foi acometido de forte mal--estar.

Palidez.

Suor abundante.

Vertigem.

Queda ao chão.

Respiração difícil.

Embora maltratada pelo assaltante, a família lhe prestou assistência imediata e, ao invés de chamar a autoridade coatora, solicitou providências urgentes ao Pronto-Socorro mais próximo.

*

Tal atitude nos serve de exemplo.

Muitas vezes, somos também surpreendidos pelos assaltantes da paz.

Invadem nossa vida.

Agridem com ofensas.

Roubam o sossego.

Contudo, ao invés de revidar os ataques gratuitos, devemos auxiliar o inimigo com os benefícios da prece, acionando depressa o Pronto-Socorro do bem.

255
A BROCA INIMIGA

Cap. XII – 4

Silvino Peixoto era pessoa simpática. Homem culto. Prosa agradável. Sorriso aberto.

Dentista de profissão, trabalhava havia muitos anos no bairro onde morava. Era muito conhecido e respeitado por todos.

Espírita desde muito jovem, frequentava sempre os estudos semanais e foi, com o tempo, acumulando amplo conhecimento doutrinário e a respeito do Evangelho. Conferencista apreciado, era figura obrigatória em eventos especiais.

Quando, em certa ocasião, foi convidado a proferir conferência em conclave de jovens, escolheu como tema o amor aos inimigos. Suas palavras despertaram enorme interesse. Disse, a certa altura:

– Habitamos planeta de provas e expiações. Trazemos do passado pesadas dívidas e temos de resgatar nossos erros por meio de provações difíceis. E entre os instrumentos mais dolorosos desses resgates está o inimigo gratuito. Aquele que sempre nos abraçou e que, um dia, afasta-se. Evita nossa presença. Vira o rosto à nossa passagem. Nega-nos sua palavra. Esse inimigo é instrumento doloroso que nos machuca o coração, mas nos ajuda no aperfeiçoamento íntimo.

O silêncio era total. O orador fez uma pausa e, aproveitando o modelo de sua profissão, continuou:

– É como o dente cariado que precisa de limpeza para a recuperação. A broca é o instrumento que provoca dor, mas faz o serviço. Há incômodo, mas o dente é recuperado. O inimigo que encontramos no caminho é semelhante a esta broca. Perturba nosso sossego, causa sofrimento, mas, se tivermos paciência e resignação, ele acaba colaborando com nossa transformação moral.

O conferencista foi interrompido por calorosos aplausos. A comparação atingiu em cheio o entendimento dos presentes. Contudo, um dos jovens levantou a mão e perguntou:

– Se o dente tem um bom destino, o que acontece com a broca inimiga?

O dentista sorriu e respondeu, rápido:

– Ela acaba se desgastando e, um dia, não incomoda mais.

256
Serenidade

Cap. XII – 4

O doente chegou agitado ao hospital e precisou de contenção física.

Debatia-se com força.

Gritava sem parar.

Chutava as paredes.

Esmurrava a si mesmo.

Atacava os familiares.

Agredia os atendentes.

Proferia acusações.

Cuspia nos enfermeiros.

Recusava o diálogo.

Pedia socorro.

O plantonista atuou com rapidez na consulta.

Percebeu a gravidade da doença.

Conversou com os familiares.

Examinou o paciente.

Indicou o tratamento.

O médico agiu com serenidade e não se ofendeu com os insultos, porque tinha conhecimento de seu preparo e sabia que o doente era incapaz de controlar os próprios atos. Estava, pois, em situação mais elevada de entendimento do que seu cliente.

*

Este fato é lição para todos nós.

Diante dos que declaram inimizade, essa é a atitude que serve. O discípulo do Evangelho que conhece as lições de Jesus e tem ciência da obrigação de ser fraterno já atingiu escala mais elevada de moralidade e deve enxergar aquele que se diz inimigo como o irmão que está doente e sem controle, precisando com urgência de compreensão, e não, de vingança.

257
O NERVO

Cap. XII – 5 e 6

Jandiro Correia tinha lá o seu jeito de ser. Pessoa brava. Gênio forte. Língua solta.

Em razão do temperamento explosivo, fazia inimigos com facilidade. Qualquer argumento que contrariasse seus pontos de vista era suficiente para começar o conflito. Discutia muito. Discordava sempre. Por fim, nascia nova inimizade.

Homem do mundo e pequeno comerciante, seus pensamentos só se voltavam para os assuntos materiais. Não aceitava a imortalidade da alma. Além disso, desejava a morte dos inimigos. Era comum proferir a frase que se tornou conhecida:

– Morto não incomoda.

As ideias de Jandiro corriam pela cidade. Na

roda de companheiros, todo cuidado era pouco para não contrariá-lo. A exceção era Ladislau, espírita de bom conhecimento. O amigo argumentava:

– A morte não existe. Só o corpo desaparece. E o Evangelho recomenda que não se deve odiar o desafeto deste ou do outro mundo. A maldade é transitória e os bons pensamentos podem fazer do inimigo de hoje o amigo de amanhã.

Jandiro, porém, continuava a pensar como sempre.

Certa manhã, apareceu com dor de dente e o rosto inchado. Ladislau acompanhou o amigo à clínica odontológica. O diagnóstico veio depressa. Logo após os exames, o profissional explicou:

– O nervo está morto e trouxe a infecção.

Nesse momento, Ladislau deu sonora gargalhada e interrompeu a explicação, falando, convicto:

– Isso não é possível, doutor.

E antes que o dentista mostrasse indignação por seu atrevimento, olhou para Jandiro, completando, com ironia:

– Morto não incomoda.

258
Conduta no bem

Cap. XII – 5 e 6

O funcionário se desentendeu com o chefe e ficou seu inimigo. Mesmo depois de desligado do serviço, continuou a incomodar o superior.

Criou dificuldades.

Publicou reclamações.

Importunou familiares.

Assediou empregados.

Fez ameaças.

Escreveu denúncias.

Distribuiu panfletos.

Apedrejou a empresa.

Pichou muros.

Mobilizou arruaceiros.

O superior, no entanto, reagiu com equilíbrio.

Conduziu-se serenamente.

Não fez acusações.

Manifestou bons propósitos.

Não mostrou desejo de desforra.

Com o tempo e a atitude benevolente do chefe, a inimizade do funcionário foi diminuindo até que se extinguiu completamente, e o antigo desafeto tornou-se defensor das normas da empresa.

*

Esta lição leva-nos a refletir que, diante do inimigo que já se desligou da vida material, a melhor solução é a conduta no bem que desconhece a mágoa e convida à benevolência.

259
VINGANÇA DOCE

Cap. XII – 7 e 8

Irineu Pimenta era homem de bem. Pessoa generosa. Amigo sincero. Cidadão correto.

Solteiro e já na madureza, morava sozinho em casa confortável. Vivia com folga de rendimentos herdados da família.

Filho de antigos moradores da cidade, era bastante conhecido por sua generosidade, mas também por seu temperamento explosivo. Gostava de ajudar o próximo. Participava do auxílio aos necessitados. Colaborava com entidades assistenciais. Irritava-se, porém, com facilidade.

Espírita de leitura, conhecia superficialmente os ensinamentos do Evangelho. Procurava segui-los, especialmente no tocante à beneficência. Contudo, não suportava qualquer atitude ofensiva e defendia a desforra como um ato de alívio. Mesmo com as leituras evangélicas, que indicam o perdão como resposta às ofensas, Irineu não mudava de opinião.

– Ofendeu, tem de pagar – dizia com força nas palavras.

Isidoro, amigo de muitos anos e espírita conhecido pela conduta caridosa, tentava demovê-lo das ideias. Falava com conhecimento de causa:

– Jesus recomenda a tolerância diante do ofensor. Quando se refere a virar a outra face, quer dizer que a humildade é importante, e a vingança, um ato de orgulho. É preciso tirar do pensamento qualquer desejo de desforra.

O solteirão, no entanto, respondia, sorridente:

– A vingança é doce.

Certa vez, Irineu foi a uma festa. Comeu em excesso. Abusou dos temperos. Logo, começou a passar mal. Vômitos frequentes. Gosto acre. Dor incômoda.

Reclamou, tristonho:

– Minha boca está azeda.

Isidoro, que acompanhava o amigo, aproveitou a oportunidade e argumentou, convicto:

– Você ofendeu o estômago e está percebendo que a vingança não é doce.

260
FESTA DE LUZ

Cap. XII – 7 e 8

Na festa em família, o parente exaltado discutia com os demais convidados.

Palavras ásperas.

Lembranças infelizes.

Referências amargas.

Cobranças indevidas.

Vocabulário grosseiro.

Ironias ácidas.

Verbo avinagrado.

Provocações.

Os convidados, porém, não davam ouvidos ao palavrório inconsequente.

Permaneciam na festa.

Conversavam descontraídos.

Mostravam alegria.

Trocavam abraços.

Distribuíam sorrisos.

Não revidavam os ataques.

Por fim, o parente revoltado aquietou-se e, aos poucos, foi reintegrando-se ao clima festivo.

*

Meditemos nesta questão.

A seara do Evangelho é a festa de luz, onde nos reunimos para o exercício da fraternidade. Contudo, quando um irmão insatisfeito questiona indevidamente o grupo, é bom desconhecer as agressões e prosseguir o trabalho de auxílio ao próximo, pois é a ausência do revide que vai permitir ao companheiro exaltado o caminho de retorno ao convívio fraterno.

261
O COICE

Cap. XII – 9

Isonildo Dantas era homem de opinião. Figura simpática. Corpo robusto. Estatura baixa.

Fizera fama na região. Domador de cavalos, vivia pelas fazendas, bastante requisitado por fazendeiros de toda parte. Era especialista no ofício de amansar animais.

Morava, porém, na cidade, onde tinha família e passava os finais de semana. Aproveitava também a folga para o bate-papo costumeiro com os amigos, colocando em dia as notícias.

Homem do mundo, acostumado à rudeza de seu trabalho, não possuía noções claras de espiritualidade. Era adepto convicto da desforra.

Naquela tarde, na roda da amizade, o assunto

girava em torno da ofensa e do perdão. Isonildo falava, enérgico, a favor do direito de vingança. Nivaldo, companheiro de profissão, espírita e seguidor fervoroso do Evangelho, argumentava em contrário. Dizia, entusiasmado:

– A vingança é ato bárbaro. Pertence à selvageria, e não, à civilização. E Jesus ensina que o esquecimento da ofensa e o perdão ao ofensor são a garantia da paz e da ausência de agressão.

O domador, no entanto, interrompeu o amigo e sentenciou, enfático:

– A agressão tem que ter resposta.

A discussão continuou por mais tempo e, como sempre, sem mudança de opinião em ambos os lados.

Dias depois, Isonildo sofreu grave acidente em seu trabalho. Hematomas. Contusões. Fraturas. Durante a visita, Nivaldo iniciou o diálogo, perguntando:

– O que aconteceu?

– Animal tinhoso. Usei a espora com força.

– Disparou?

– Empinou e me jogou no chão.

– Machucou tanto?

– Além do tombo, um coice bem dado.

Nesse ponto da conversa, Nivaldo ficou pensativo e acrescentou:

– É, a espora agride.

E, olhando para o amigo com disfarçado sorriso, completou:

– Como você diz, agressão tem resposta.

262
O NAMORO

Cap. XII – 9

O rapaz simpatizou com a moça e quis aprofundar o relacionamento.

Demonstrou interesse

Mandou recados.

Escreveu bilhetes.

Fez a aproximação.

Ofereceu flores.

Deu presentes.

Manteve diálogo.

Frequentou a casa.

Conheceu a família.

Propôs o namoro.

Quando, porém, a moça recusou prosseguir o relacionamento, o rapaz planejou a vingança.

Inventou histórias.

Falseou acontecimentos.

Distorceu opiniões.

Deturpou fatos.

Disseminou calúnias.

Por fim, fez tantas intrigas, que acabou indispondo a moça com as próprias amigas.

*

Esta situação lembra outra.

Irmãos simpatizam com grupos religiosos e oferecem colaboração. Contudo, quando não encontram o que desejam e se decepcionam com as próprias intenções, tais irmãos retiram-se do grupo com propósitos vingativos em relação aos companheiros, mostrando que a vingança, embora seja agressão ao outro, é também solução imprópria para as frustrações íntimas do vingador.

263
Ferrugem

Cap. XII – 10

Inácio Moreno trabalhava com metais. Serralheiro antigo na cidade, sua habilidade no ofício viajara longe.

Fabricava de tudo. Além disso, recuperava materiais que, certamente, seriam descartados. Janelas enferrujadas. Portas carcomidas. Móveis desajustados. Tendo o irmão como sócio, construíra empresa de nome em toda a região.

Cidadão reconhecido pelo trabalho profissional, tinha também o respeito da comunidade pelos dotes morais. Homem honrado. Empresário honesto. Pessoa bondosa. Espírita de ideia e de conduta, era presença esperada e indispensável nas reuniões de estudo e no grupo de assistência aos desvalidos.

Tinha o dom da palavra e seus comentários em torno das lições de Jesus eram muito apreciados e aplaudidos. Buscando comparações na atividade profissional, costumava dizer que o ódio era o amor atacado pela ferrugem do mal, passível de ser removida pela vivência do Evangelho.

O tempo passou sem novidades até que, um dia, surpreendente notícia percorreu a cidade. Por motivos desconhecidos, o irmão ficara inimigo de Inácio e desfizera a sociedade. Alma voltada para o bem, o serralheiro sofria com as atitudes do inesperado desafeto. Agressões verbais. Indiferença. Desprezo. Ódio injustificado. Contudo, prosseguia trabalhando na profissão e nas atividades espirituais.

Vez por outra, alguém lhe perguntava, surpreso:

– O que houve com seu irmão?

Inácio ensaiava um sorriso mesclado de tristeza e respondia, convicto:

– Enferrujou, mas tem recuperação.

264
A ÁRVORE

Cap. XII – 10

Nos fundos da casa, a árvore estava exposta a diversas ameaças.

Tronco escalavrado.

Raízes à mostra.

Insetos agressivos.

Pulgões nas folhas.

Formigas vorazes.

Galhos mutilados.

Falta de água.

Mato em volta.

Parasitas no caule.

Brotos indesejáveis.

Entretanto, apesar do descuido dos moradores,

a árvore fornecia, durante todo o tempo, sombra generosa e, nas épocas certas, era pródiga de frutos sadios e abundantes.

*

Este quadro acontece também na seara do Evangelho. O trabalhador da Boa Nova quase sempre não é compreendido por aqueles a quem serve e, na execução de suas tarefas, é alvo de ódio explícito ou disfarçado.

Agressões.

Indiferença.

Desprezo.

Ironia.

Calúnia.

Contudo, apesar dos maus-tratos, o discípulo de Jesus, à semelhança daquela árvore, deve ser sempre a presença do bem e o doador generoso do amor e da paz.

265
O BRAÇO

Cap. XII – 11 e 16

Josias Correia era bom de luta. Pessoa correta. Coração generoso. Amigo sincero. Moço forte e esportista dedicado, venceu preconceitos e dificuldades para se fazer lutador campeão.

Contudo, era nervoso. Temperamento explosivo. Tomava como ofensa qualquer desentendimento banal e daí para a briga era um pulo. Mostrava a musculatura exuberante e avançava para o adversário, gritando com força:

– Vem pro braço!...

Quase sempre, os amigos impediam a luta, evitando consequências desagradáveis. Jorge, o mais ponderado deles, espírita de convicção e atuação, falava ao lutador, repetindo sempre:

– Os duelos já acabaram há muito tempo e você insiste em resolver ofensas com os punhos. É preciso esquecer a agressão e praticar a tolerância. Jesus ensina o perdão e o amor ao próximo, qualquer que seja ele.

Com o tempo, as explicações de Jorge fizeram efeito. Josias ouvia o amigo com atenção. Logo, começou a frequentar os estudos e a assistência fraterna. Tornou-se companheiro atuante.

A transformação de Josias era alvo de comentários em toda a cidade. Cumprimentos. Abraços. Elogios.

Certo dia, os companheiros do grupo foram ao hospital para ajudar um dos assistidos a voltar para casa. Pessoa idosa. Perna engessada. Dor e desconforto. Josias se abaixou para apoiá-lo, mas o doente recusou, mal-humorado.

O lutador carregou a fisionomia, preocupando os presentes. Contudo, em gesto rápido, levantou o velhinho com facilidade e, para surpresa e alívio de todos, falou com energia:

– Vem pro braço!...

266
Duelo

Cap. XII – 11 e 16

O estado de saúde do rapaz inspirava cuidado.

Peso excessivo.

Obesidade severa.

Pressão elevada.

Órgãos em sofrimento.

Metabolismo alterado.

Abdome volumoso.

Respiração difícil.

Circulação deficiente.

Estética prejudicada.

Desconforto físico.

Em tratamento médico, o rapaz iniciou renhida luta contra os excessos.

Controlou o apetite.

Disciplinou as refeições.

Reduziu quantidades.

Restringiu calorias.

Eliminou alimentos.

Após algum tempo, venceu a batalha contra a gula e conquistou vida saudável.

*

Situação análoga ocorre no mundo moral.

O Espírito também precisa de tratamento contra suas imperfeições, e Jesus é o Médico Divino que prescreve no Evangelho a conduta a seguir: o combate rigoroso da renovação íntima contra as inferioridades, o único duelo que realmente vale a pena.

267
PONTO DE CRUZ

Cap. XII – 12 e 16

Sinhazinha Loureiro morava no bairro havia muitos anos. Mulher disposta. Temperamento enérgico. Voz possante. Bordadeira de fama, ficara viúva muito cedo e, desde então, sustentava a família com o trabalho em casa.

Seu nome havia ultrapassado os limites do bairro e era procurada por clientes da cidade e da região. Habilidosa, recebia encomendas de toda espécie. Bordava à mão livre, à máquina, com bastidor, linhas de algodão e de lã, pedrarias... Detestava, no entanto, o ponto de cruz e não fazia disso segredo para ninguém. Tinha o respeito e a admiração de quantos lhe conheciam os dotes profissionais.

Contudo, mantinha relacionamento complicado com a vizinhança. As amarguras e dificuldades da vida haviam-lhe transformado o comportamento. Exibia mau humor constante. Sentia-se atingida por qualquer atitude que lhe parecesse ofensiva. Distração na conversa. Palavra mal colocada. Observação inoportuna. Partia, então, para o duelo verbal. Discutia com vigor. Tirava satisfação. Agredia com palavras.

A única vizinha com quem combinava era Inocência, trabalhadora do Evangelho que a advertia e aconselhava. Dizia sempre:

– Jesus ensina o perdão e afirma que há mais coragem em suportar a ofensa do que revidá-la. Abandone o duelo. Siga os passos do Cristo e dê mais amor ao próximo.

Sinhazinha, um dia, interessou-se pelas palavras da amiga. Passou a frequentar as reuniões semanais de estudo evangélico. Buscou literatura a respeito. Começou a participar da assistência aos necessitados, fazendo bordados com capricho em costuras e enxovais para recém-nascidos. Com o tempo, sua conduta mudou. Ficou mais tolerante. Adquiriu bom humor. Seu verbo tornou-se mais ameno com os vizinhos.

Quando alguém lhe cobrava o motivo de tamanha transformação, a bordadeira referia-se ao símbolo do Evangelho e respondia, sorridente:

– Passei a gostar do ponto de cruz.

268
Duelo obrigatório

Cap. XII – 12 e 16

A doença infecciosa ameaçava toda a região.

Localidade propícia.

Época favorável.

Descuido na prevenção.

Transmissor em excesso.

Propagação fácil.

Estatística alarmante.

Risco de epidemia.

Situação grave.

População em perigo.

A equipe de saúde entrou em ação, sustentando vigorosa luta contra o desastre iminente.

Definiu estratégia.

Venceu resistência de habitantes.

Guerreou contra o mosquito.

Exigiu colaboração local.

Combateu o causador da doença.

Após dura batalha, a equipe conseguiu trazer de volta o ambiente saudável.

*

Tenhamos em mente que a seara do Evangelho também está sujeita a ataques infecciosos.

Irmãos com a responsabilidade de difundir a doutrina do Cristo se deixam contaminar pelo interesse pessoal e se tornam transmissores de interpretações evangélicas nocivas à Boa Nova, de forma que os trabalhadores leais a Jesus ficam com a obrigação de manter constante duelo contra tais ideias, a fim de restabelecer a verdade a respeito do Reino de Deus.

269
O OURIVES

Cap. XII – 13 e 16

Bento Roldão tinha o comportamento reservado. Semblante triste. Pouca conversa. Raro sorriso.

Ourives de profissão, trabalhava sozinho em pequeno cômodo no centro da cidade. Atendia os clientes com gentileza. Explicava com detalhes o serviço. Se a encomenda, porém, agredia o bom gosto, recusava. E não adiantava insistir.

A oficina tinha grande movimento e os trabalhos eram disputados por fregueses e joalherias de toda a região. Suas mãos faziam prodígios com pedaços de metal, que se tornavam joias de rara beleza.

Contudo, a cidade inteira sabia de seu drama familiar. Em casa, não tinha paz. A esposa e o filho mais novo mantinham constante duelo verbal. Opiniões contrárias. Discussões frequentes. Palavras ásperas. Lágrimas e amuos.

Bento não sabia mais o que fazer. Desabafava com o amigo Everaldo. Dizia, com tristeza:

– Estou desanimado. Transformo metal disforme em joia, mas não consigo transformá-los.

O vizinho, espírita praticante, recomendava:

– Leia o Evangelho diariamente. Ore com fervor. Comente as lições de Jesus diante deles. O resultado pode tardar, mas não falha.

O ourives seguiu a receita. A princípio, parecia falar às paredes. Depois, percebeu que começava a ser ouvido. Mãe e filho abandonaram o duelo e passaram a se entender melhor.

A notícia se espalhou e os conhecidos abraçavam Bento e comentavam com alegria:

– Você é bom ourives, transformou os dois em joias.

Ele, no entanto, contestava, sorridente:

– O ourives é Jesus.

270
Duelo familiar

Cap. XII – 13 e 16

A mulher, jovem ainda, adoeceu gravemente.

Mal-estar.

Febre inexplicável.

Abatimento.

Manchas no corpo.

Dor nas juntas.

Falta de apetite.

Emagrecimento.

Indisposição geral.

Alteração da pele.

Fraqueza muscular.

O médico procurava o motivo de tamanha perturbação.

História clínica detalhada.

Inspeção física minuciosa.

Exames de imagem.

Análise de humores.

Pesquisa de infecção.

Por fim, descobriu-se que não havia agressor externo. A causa da doença era o próprio organismo, pois elementos interiores passaram a se desconhecer, atacando-se uns aos outros e destruindo a harmonia interior. O tratamento possível era o remédio que impedisse o prosseguimento do duelo orgânico.

*

Tal situação também pode ocorrer nos organismos familiares.

Parentes, antes em harmonia, passam a se estranhar e odiar, agredindo-se mutuamente em duelo doloroso e transtornando a família material, de tal forma que a única solução de tratamento é a aplicação do remédio prescrito por Jesus, cuja fórmula no Evangelho é "amai-vos uns aos outros como Eu vos amei".

271
A ESPADA

Cap. XII – 14 e 16

A fama de Tonico Figueira ia longe. Homem culto. Linguagem apurada. Dicção perfeita. Hábil com as palavras, era o terror em qualquer conversa. Discutia ardorosamente e jamais se dava por vencido.

Professor em escolas superiores da cidade, fizera nome como polemista imbatível. Argumentava com vigor. Refutava ideias. Disparava frases com fluência invejável. Apesar de respeitado, sua presença era incômoda. Azedava o ambiente acadêmico. Causava mal-estar na roda de amigos.

Contudo, o pior acontecia em casa. Tonico duelava constantemente com a esposa. Manejava o verbo como se brandisse a espada, ferindo a companheira por qualquer motivo. O tapete da sala. O tempero da comida. A algazarra das crianças.

A situação tornava-se insustentável, quando Pedro, amigo do casal e advogado de prestígio, chamou o vizinho às falas. Disse, evitando a polêmica:

– Você é mestre da palavra, mas a utiliza como arma. Transforma qualquer diálogo em duelo. Deixe de polemizar. Siga o ensinamento do Evangelho, não fazendo aos outros o que não queira que os outros lhe façam. Abandone a espada.

Tonico, porém, era polemista incorrigível e continuava o mesmo.

Viajou com a esposa, certa vez, dirigindo o próprio automóvel. Na saída da cidade, foi barrado para fiscalização. Lá, comportou-se como sempre. Refutou. Discutiu. Argumentou. De tal forma irritou os policiais, que acabou detido por desacato à autoridade.

O vizinho advogado prestou-lhe assistência imediata. Perguntou, surpreso, o que havia acontecido.

Tonico, amuado, ficou quieto. A esposa, no entanto, com disfarçado sorriso, respondeu em voz baixa:

– Foi a espada.

272
Duelo inútil

Cap. XII – 14 e 16

O homem estava disposto ao trabalho.

Sentou-se à mesa.

Verificou a agenda.

Separou papéis.

Examinou documentos.

Fez anotações.

Consultou livros.

Corrigiu dados.

Acrescentou informações.

Imaginou o texto.

Passou a fazer relatórios.

Entretanto, de repente, um inseto começou a perturbá-lo. O trabalhador reagiu.

Levantou-se, inconformado.

Batalhou contra o invasor.

Correu de um lado a outro.

Desistiu, sem sucesso.

Por fim, algum tempo depois, observou que a mosca pousava em outros pontos, longe dele. A luta, além de infrutífera, havia sido desnecessária.

*

Duelos inúteis também acontecem conosco.

Na seara do Evangelho, onde servimos com dedicação e amor, surgem irmãos complicados que exigem de nós luta constante contra suas ideias perturbadoras.

Contudo, a experiência nos ensina que, diante deles, a melhor solução é prosseguir com as tarefas e confiar na Bondade Divina, a fim de que eles vão embora por si mesmos, deixando-nos em paz com nosso trabalho.

273
A ARMA

Cap. XII – 15 e 16

Agnaldo Guerreiro trabalhava na única emissora de rádio da pequena cidade. Locutor competente. Voz forte. Entonação firme.

De temperamento exaltado e aguerrido, comandava programa polêmico. Atendia telefonemas de ouvintes. Colocava reclamações no ar. Encaminhava queixas aos locais apropriados. Criticava serviços públicos. Tornou-se referência na cidade. Movimentava opiniões.

Com o tempo, no entanto, surgiram os prós e contras. O horário de Agnaldo, pouco antes do meio-dia, incluía o intervalo entre os expedientes da manhã e da tarde. Povo em casa. Refeição em família. Audiência enorme e garantida. Contudo, os exageros do radialista começaram a incomodar. A população se dividiu. As pessoas discutiam nas ruas e praças. Vez por outra, ocorriam agressões físicas.

Bento, velho conhecido, tocava no assunto com frequência. Falava, preocupado:

– Você fez da cidade um campo de duelos. A discórdia...

Não completou a frase. Foi interrompido pelo amigo, que disse:

– Sou guerreiro e minha arma é a ousadia.

Naquela mesma semana, Agnaldo sofreu um acidente. Atropelamento. Ferimentos profundos. Caso grave. Foi transferido para clínica especializada, em cidade maior.

No hospital, além do tratamento médico, recebeu, durante a convalescença, a visita de voluntários espíritas. Conversas prolongadas. Leituras esclarecedoras. Conforto espiritual.

Quando voltou para casa e retomou as atividades, o radialista transformou seu horário em programa de ajuda. Continuava a atender telefonemas de ouvintes. Entretanto, ao invés de reclamações, ouvia pedidos de socorro. Tomava providências. Arranjava consultas médicas. Conseguia remédios. Doava cadeiras de rodas.

Ao encontrá-lo, Bento perguntou, surpreso:

– O que mudou em você?

Agnaldo respondeu, depressa:

– Continuo guerreiro. Agora, porém, minha arma é o Evangelho.

274
Duelo silencioso

Cap. XII – 15 e 16

Embora aparentassem amizade e companheirismo, os dois funcionários do escritório se comportavam de maneira diversa. Agrediam-se reciprocamente com sutileza.

Observavam um ao outro.

Ironizavam o jeito de ser.

Reparavam atitudes e iniciativas.

Criticavam trabalhos realizados.

Vigiavam conversas com terceiros.

Anotavam gestos e mímica.

Espreitavam contatos com clientes.

Fiscalizavam correspondências.

Examinavam gavetas.

Bisbilhotavam arquivos pessoais.

Apesar do disfarce das aparências, o duelo entre ambos era a realidade de cada dia, perturbando o clima mental do grupo.

*

Duelos silenciosos também existem nas instituições religiosas e assistenciais. Certos irmãos, embora gentis uns com os outros, disputam entre si por razões banais.

Atacam-se sutilmente.

Constroem intrigas.

Inventam motivos.

Agem de modo estranho.

Contudo, é conveniente lembrar que o discípulo do Cristo não se entrega a duelos de qualquer natureza, porque na seara do Evangelho, onde o trabalho não pode ser prejudicado pelos caprichos de cada um, o lema a ser seguido por todos é "amar o próximo como a si mesmo".

275
A PORCA

Cap. XIII – 1 a 3

Jacinto Figueira era bem de vida. Fazendeiro forte. Patrimônio alto. Fortuna avantajada.

Homem sério e trabalhador, era conhecido, na cidade e na região, como criador de suínos de alta qualidade. Fizera inovações no sistema de criação. Montara centro de pesquisa para apurar a raça escolhida. Obtivera animais de peso, para consumo saudável. Referência importante na área e presença indispensável nas ocasiões festivas de exposição, tinha o respeito e o aplauso de seus pares. Era criador premiado e reconhecido.

Além do talento nas atividades profissionais, Jacinto gostava de fazer doações a entidades de assistência. Reservava somas maiores para o final do ano, mas atendia solicitações em qualquer época. Generoso, mas exigente. Só doava com publicidade.

Naquela manhã, recebia em seu escritório os representantes de clínica gratuita para recuperação de dependentes. Pequena propriedade, afastada do meio urbano. Internos carentes em grande número. Atividades agropastoris com objetivos terapêuticos.

O fazendeiro prometeu doar uma porca com grande potencial reprodutivo. A entidade teria recursos com a venda da produção. Contudo, ele quis cerimônia para o ato de doação. Marcou a data. Sugeriu convites especiais para as autoridades. Pediu anúncios nos meios de comunicação.

Entretanto, no dia aprazado, Jacinto ficou decepcionado com a escassez de gente. Raras pessoas compareceram. Magoado, dispensou a solenidade e fez menção de sair. Quando se levantou da poltrona especialmente destinada a ele, um dos diretores perguntou, preocupado:

– E a porca?

O fazendeiro, irritado, respondeu com dureza:

– A porca torceu o rabo.

Virou as costas e foi embora.

276
Reconhecimento

Cap. XIII – 1 a 3

O estado da casa era deplorável.

Tinta desbotada.

Buraco nas paredes.

Piso com falhas.

Janelas enferrujadas.

Vidros quebrados.

Trincas no teto.

Portas empenadas.

Telhado precário.

Madeiramento podre.

Fiação elétrica desencapada.

Esgoto defeituoso.

Vazamentos na rede de água.

O mestre de obras, então, foi chamado para os reparos necessários e logo tomou iniciativas.

Planejou o serviço.

Providenciou material.

Contratou profissionais.

Após algum tempo, entregou a casa totalmente reformada e apresentou a conta.

*

Também nós, muitas vezes, agimos como o mestre de obras.

Somos chamados à seara do Evangelho para resolver situações difíceis de irmãos necessitados.

Atuamos com perseverança.

Trabalhamos com eficiência.

Contudo, quase sempre, desejamos reconhecimento de nossas ações e apresentamos ao Senhor a conta do serviço prestado, exigindo do Alto privilégios e atendimento especial.

277
O COMERCIÁRIO

Cap. XIII – 4

Raimundo Vaz era bastante conhecido. Homem sério. Meia-idade. Vida correta.

Funcionário no comércio, tinha vida metódica. Acordava bem cedo. Cumpria com rigor os expedientes de trabalho. Fazia as refeições sempre no mesmo horário. Trazia a família debaixo de regras. Esposa submissa. Filhos educados. Lazer controlado. Era respeitado pela assiduidade no serviço e ninguém o incomodava por causa das manias rígidas.

Embora sistemático, tinha bom coração. Dava esmolas com boa vontade. Atendia as pessoas necessitadas, quando solicitado. Espírita de palestra, comparecia a todas. Contudo, não frequentava as reuniões semanais de estudo, nem participava da assistência fraterna.

Quando, porém, a enchente alcançou o bairro mais populoso e pobre da cidade, Raimundo surpreendeu a todos. A comunidade se mobilizou para o socorro aos atingidos. O comerciário, então, foi imbatível nas tarefas de auxílio. Enfrentou ruas alagadas. Carregou crianças. Resgatou mulheres e idosos. Conduziu desabrigados aos locais de apoio. Por todo o tempo, foi o obreiro do bem, eficiente e dedicado. De tal forma se entregou ao trabalho, que foi homenageado pelas autoridades locais.

Na cerimônia, durante o agradecimento, falou, comovido, sob aplausos:

– Contem sempre comigo.

Diante da demonstração pública de fraternidade, Raimundo foi convidado a fazer parte do grupo de visitas domiciliares a doentes acamados, em penúria. A assistência era realizada por tarefeiros de certa entidade. O comerciário, todavia, surpreendeu novamente. Recusou o convite.

Adelino, velho amigo e companheiro do grupo, comentou, decepcionado:

– Durante a tragédia, você mostrou grande amor

ao próximo e agora se nega ao gesto fraterno em favor de infelizes no anonimato. Não entendo.

Raimundo olhou para todos e, referindo-se aos acontecimentos recentes, disse, quase irritado:

– Contem comigo na próxima enchente.

278
Infortúnio oculto

Cap. XIII – 4

O jardim era extenso e motivo de admiração.

Árvores frondosas.

Palmeiras de qualidade.

Folhagens vistosas.

Pétalas de variado colorido.

Roseiras de toda espécie.

Caramanchões originais.

Grama verdejante.

Canteiros diferentes.

Plantas ornamentais.

Ramagens diversas.

Entretanto, oculta por cascatas e repuxos de água cristalina, uma trepadeira estava em sofrimento.

Folhas desbotadas.

Caule ressequido.

Raízes à mostra.

Flores mirradas.

A planta doente não enfeitava o jardim. Ao contrário, destoava dele. Era verdadeiro infortúnio escondido naquela beleza, necessitando de cuidados urgentes.

*

Grupos de tarefas nas instituições religiosas são iguais a jardins com espécies variadas, pois irmãos de temperamentos e disposição diferentes se unem para objetivos comuns, a serviço do Cristo.

Contudo, alguns destes companheiros, à semelhança daquela trepadeira, também se alteram em razão de desgosto com o grupo, ocultando na alma verdadeiro infortúnio que lhes traz sofrimento e desarmoniza a instituição, necessitando de tratamento adequado com urgência.

279
A DOAÇÃO

Cap. XIII – 5 e 6

Jacinto Vieira era moço de muitas ideias. Profissional recém-formado. Começo de carreira. Vida apertada.

De família pobre, desde pequeno ganhava algumas moedas como menino de recados. Adolescente, emendava as horas da escola com o expediente de trabalho. Com sacrifício e perseverança, diplomou-se em curso técnico.

Com bom emprego, ganhava o suficiente para se manter. Morava em pensão. Perdera os pais precocemente e os irmãos haviam partido há muito, em busca de melhores colocações.

Contudo, sentia-se feliz. Fora criado dentro do conhecimento espírita e entendia que a situação difícil era oportunidade de crescimento espiritual. Desde cedo, recebera lições do Evangelho. Passara pelas reuniões da mocidade espírita. Agora, era companheiro assíduo nas atividades da instituição.

Frequentava os estudos e participava com entusiasmo da assistência fraterna. Afirmava sempre que gostaria de possuir riqueza para aplicar na beneficência. Ajudar mais os necessitados. Reequipar a cozinha da sopa. Reformar o galpão de atendimento.

Vicente, amigo e diretor da assistência, ponderava:

– Não há dúvida de que os recursos são importantes, mas não adianta muito dinheiro sem espírito de fraternidade. Você é rico de amor e dá de si mesmo. Sacrifica o repouso. Despende energia. Tem a palavra de conforto aos irmãos infelizes.

O jovem, porém, retrucava, esperançoso:

– Se eu tivesse muito dinheiro, daria uma parte aos pobres.

O tempo passou e o inesperado aconteceu. Jacinto recebeu enorme fortuna, como herdeiro de parente que pouco conhecia. Logo, dirigiu-se à capital para se inteirar dos fatos e assinar documentos. Quando correu a notícia de seu regresso, os companheiros da instituição foram até ele. A doação prometida chegaria em boa hora.

Foram recebidos pela dona da pensão e, para o espanto da comitiva, a senhora informou, sem meias palavras:

– O Jacinto voltou ontem e hoje cedo foi embora de mudança.

280
Doação maior

Cap. XIII – 5 e 6

O jovem era auxiliar de escritório no jornal da cidade, mas tinha pretensões literárias e jornalísticas. Queria escrever de tudo.

Poemas.

Romances.

Novelas.

Contos.

Crônicas.

Ensaios.

Biografias.

Artigos.

Reportagens.

Críticas.

Entrevistas.

No momento, porém, executava com eficiência pequenas tarefas.

Pagamentos.

Cobranças.

Correspondência.

Serviços bancários.

O jovem sonhava com riqueza de oportunidades e posições de relevo, sem perceber que seu atual trabalho, simples e humilde, era importante para a empresa.

*

Tal situação também ocorre conosco.

Trabalhadores do Evangelho, muitas vezes recusamos tarefas, alegando pobreza de conhecimento e de experiência, esquecidos de que, na seara do Cristo, o discípulo sincero colabora sempre com o que tem e que o pouco dado com sacrifício e perseverança é doação maior do que o muito ofertado com vaidade e exibicionismo.

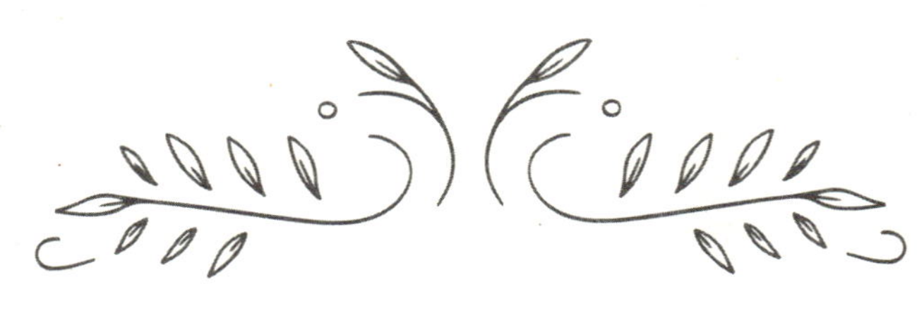

281
Diana e Débora

Cap. XIII – 7 e 8

Eram amigas de infância, embora tivessem origens tão diferentes.

Ainda pequena, Diana perdera a mãe. E o pai, jardineiro da família de Débora, levava consigo a filha, nas horas de serviço.

Condoídos da orfandade de Diana, os pais de Débora acolheram-na em casa. Convidaram-na para as refeições. Deram-lhe roupas e sapatos e a colocaram na mesma escola da filha. Até viajaram juntos em época de férias.

Ambas se davam bem. Gostavam uma da outra. Trocavam confidências. Compartilhavam estudos e passeios. Cresceram em clima de harmonia e cumplicidade.

Com o passar do tempo, porém, acontecimentos inesperados mudaram a vida da menina órfã, agora moça feita. O pai sofreu acidente sério. Ficou inválido para o trabalho. E Diana adoeceu gravemente. Artrite rebelde. Perda total da visão. Lesão cardíaca irreversível.

Cega, com dor intensa e dificuldade para andar, a filha do jardineiro isolou-se em casa. Passava os dias em quase solidão, quebrada apenas pelo auxílio generoso de vizinhos solidários. As visitas de Débora foram escasseando, até que acabaram por completo. Quando soube da festa de casamento da amiga de infância, chorou copiosamente. Recordou os dias de convivência feliz. A intimidade confiante. A amizade sem mácula. Os segredos bem guardados. No entanto, apesar do passado rico de tantas lembranças boas, não fora convidada, nem mesmo avisada.

Pai e filha viviam com sofrimento e dor, quando, certa noite, o coração de Diana começou a bater descompassado. Falta de ar. Tosse sufocante. Desconforto no peito.

Naqueles momentos de agonia, vislumbrou a presença materna. Iluminou-se de esperança e, quase sem forças, apenas conseguiu murmurar:

– Mamãe, a Débora me esqueceu.

A bondosa figura de mulher sorriu e falou com doçura:

– Não sofra, minha filha. Jesus está nos convidando para um festim de luz. Venha comigo.

Diana jogou os braços para a mãe, enquanto seu corpo, reluzente de suor e já inerte no leito, era afagado pelo pai em soluços.

282
SEM RETRIBUIÇÃO

Cap. XIII – 7 e 8

Os filhos foram à clínica e explicaram ao médico seu drama.

Mãe doente.

Caso grave.

Pai desesperado.

Família em dificuldade.

Ausência de recursos.

Parentes pobres.

Situação aflitiva.

Pedido de socorro.

Atendimento urgente.

Impossibilidade de remuneração.

O médico atendeu com presteza.

Internação.

Exames.

Remédios.

Tratamento indicado.

A mulher ficou na clínica o tempo necessário, sem qualquer pagamento como retribuição.

*

É provável que cenas como esta sejam raras na vida material.

Contudo, é isto que Jesus nos ensina: fazer o bem aos outros, sem esperar que os outros façam qualquer bem a nós.

283
PORTA DO CÉU

Cap. XIII – 9

Adonias Santos era homem de negócios. Comerciante forte. Empresa conhecida. Fortuna acumulada.

As atividades comerciais de vulto coroavam longa trajetória de trabalho e perseverança. Adonias, ainda moço, começou a trabalhar como balconista de loja de tecidos. Apesar do semblante sisudo, era o vendedor preferido dos fregueses. Sabia oferecer o certo para a ocasião adequada. Atendia as costureiras com reconhecida competência e sugeria a combinação correta de panos para esta blusa e aquela saia. Era referência no local de trabalho.

Com o tempo, abriu seu próprio negócio. Loja pequena. Apenas uma porta. Estoque reduzido. No entanto, o talento para o comércio e o bom gosto na escolha dos tecidos levaram-no a crescimento rápido e constante, até à inauguração da maior loja de tecidos de toda a região.

Era empresário respeitado. O menino pobre de infância difícil havia se transformado no negociante rico e poderoso que não esquecia suas origens, nem aqueles que nada possuíam. Autêntico benfeitor dos necessitados. Alegria dos mendigos. Alívio dos doentes. Amparo de mães e crianças. Amigo dos idosos. Esteio das entidades de assistência.

Contudo, apesar de generoso na ajuda material, era de difícil convivência. Não tolerava a conversa alheia. Estava sempre irritado. Gritava com familiares. Tratava com rispidez os funcionários. Era conhecido pela conduta contraditória.

Certa noite, em roda de companheiros, Adonias escutava elogios a suas atitudes generosas. Diógenes, espírita de convicção lúcida, valeu-se da intimidade com o velho amigo e advertiu:

– Você é generoso com os pobres. Seja também consigo. Mude seu jeito de ser. Trate melhor as pessoas. A caridade material é caminho para o amor ao próximo, mas a caridade moral é a porta para os estágios mais elevados da espiritualidade.

O comerciante sorriu e rebateu de imediato:

– O que eu faço vai me abrir a porta do Céu.

Um dos presentes, porém, virou-se para Adonias e comentou, com ar de crítica:

– Com seu gênio, só se for a porta dos fundos.

284
Caridade moral

Cap. XIII – 9

A mulher chegou à instituição assistencial para as tarefas de auxílio.

Foi à cozinha.

Picou legumes.

Serviu a sopa.

Participou da costura.

Cortou tecidos.

Preparou moldes.

Confeccionou roupas e fraldas.

Montou enxovais para recém-nascidos.

Distribuiu agasalhos.

Compareceu à farmácia.

Organizou prateleiras.

Providenciou medicamentos.

Quando, porém, um dos assistidos se aproximou e pediu atenção, sua conduta mudou.

Trancou a fisionomia.

Baixou a cabeça.

Negou respostas.

Falou com rispidez.

Durante longo tempo, a mulher socorreu os necessitados com alimento, vestuário e remédio, mas não tolerou a conversa de um infeliz.

*

É comum agirmos assim também.

Frequentamos a seara do Evangelho e praticamos com entusiasmo a caridade material. Contudo, quando se trata da caridade moral, aí a situação é diferente.

285
O TRANSFORMADOR

Cap. XIII – 10

Salvador Costa vivia com dificuldade. Homem pobre. Família numerosa. Pouco recurso.

Técnico de companhia de eletricidade, era respeitado por sua retidão de caráter e competência no serviço. Ganhava apenas o suficiente para sobreviver com aperto. Contudo, mostrava resignação perante as dificuldades.

Espírita de formação religiosa regular, tinha noção superficial dos impositivos da reencarnação. Débitos do passado. Resgates no presente. Provações. Sabia que o motivo de suas horas de aflição estava nos enganos antigos.

Comparecia às reuniões de estudo e assimilava com esforço os ensinamentos doutrinários. Frequentava com entusiasmo a assistência fraterna e ajudava como podia. Embalava alimentos. Colaborava na distribuição. Conversava com os infelizes. Acompanhava visitas aos carentes. Contudo, achava-se inútil. Lamentava sua condição de vida e perguntava, com tristeza:

– Como fazer caridade se não tenho nem mesmo o necessário?

Raimundo, companheiro nas tarefas de auxílio e experiente conhecedor do Evangelho, respondia com rapidez:

– Não se faz caridade apenas com dinheiro. Muitas vezes, nós mesmos somos a caridade.

Salvador, porém, persistia com as lamentações.

Certa vez, durante a visita domiciliar às famílias necessitadas, ocorreu súbito incidente. O bairro era distante e a população, pobre. Distribuição precária de energia. Postes baixos. Fiação elétrica provisória.

De repente, um transformador antigo começou a soltar faíscas com barulho estranho. Os moradores gritavam, assustados. Entendido no assunto, Salvador tentou acalmá-los. Explicou que não havia perigo. Foi até ao telefone público ali perto e convocou os colegas de empresa para o socorro urgente.

Logo, a situação normalizou. Pessoas dirigiam

palavras de agradecimento ao eletricista. Raimundo abraçou o companheiro e comentou, sorridente:

– Você não precisou de dinheiro para fazer o bem a essas pessoas.

Interrompeu a fala. Afastou-se um pouco, olhou de frente o amigo e completou, com alegria:

– A caridade foi você.

286
Fórmula simples

Cap. XIII – 10

O casal planejou um fim de semana feliz.

Viagem alegre.

Local aprazível.

Estância balneária.

Paisagem deslumbrante.

Praia agradável.

Pousada hospitaleira.

Entretanto, em dado momento, o casal se desentendeu por motivo fortuito.

Discussão acalorada.

Palavras ásperas.

Troca de ofensas.

Frases ácidas.

Acusações recíprocas.

Apesar do plano de um passeio alegre, a volta para casa foi marcada de amargura e lágrimas.

*

Os estudiosos do mundo indicam os caminhos para a conquista da felicidade.

Conforto material.

Garantia de bem-estar.

Entretenimentos.

Lazer variado.

Contudo, a fórmula simples e definitiva da felicidade duradoura está registrada no Evangelho e foi oferecida por Jesus, quando afirmou: "Amai-vos uns aos outros como Eu vos amei".

287
Outra hora

Cap. XIII – 11

Dante Cerqueira era orador prestigiado. Cultura maciça. Discurso fluente. Argumento sólido.

Espírita desde os anos da mocidade, fizera nome como conferencista de palavra fácil e emotiva. Viajava longas distâncias, atendendo convites para palestras e congressos. Presença constante nas reuniões de estudos, seus comentários em torno do Evangelho à luz do Espiritismo eram admirados e absorvidos com avidez por plateias atentas.

Comprometido com a difusão doutrinária, dedicava-se integralmente aos livros e à oratória. Pouco frequentava a assistência fraterna e, quando lá comparecia, era para falar aos assistidos sobre as provações acerbas e as consolações evangélicas quanto à vida futura. Era o conferencista por excelência com entrega total à missão de esclarecimento.

Naquela noite, Dante dissertava a respeito da beneficência. O orador experiente imprimia às frases o vigor do conhecimento e o colorido das imagens. Arrancava suspiros. Levava às lágrimas. Provocava sorrisos. A certa altura, modulou a voz no tom da emoção e, encerrando a palestra, começou a falar:

– A beneficência é o caminho para a fraternidade. Ir ao encontro do irmão carente que chora, em silêncio, no casebre anônimo. Encontrá-lo triste e desprovido de tudo. O fogão sem lume. O corpo sem agasalho. A dor sem alívio. A vida sem esperança. Encontrá-lo na aflição do abandono e oferecer-lhe o ombro amigo do auxílio. Diante de tal situação, quem não tiraria do bolso a moeda da caridade que, à semelhança de um sol, ilumina o caminho de quem está mergulhado na escuridão da miséria?

O recinto quase veio abaixo. Aplausos prolongados. Exclamações. Elogios.

Quando, pouco depois, recebia cumprimentos, o conferencista foi abordado por jovem que lhe rogou ajuda em dinheiro. Fazia campanha de socorro em favor de senhora pobre e doente, moradora solitária de bairro distante. Pedia-lhe aquela moeda da caridade.

Dante se aproximou do rapaz e lhe cochichou ao ouvido:

– Fica para outra hora.

E, entre um abraço e outro, continuou a exaltar a grandeza da beneficência.

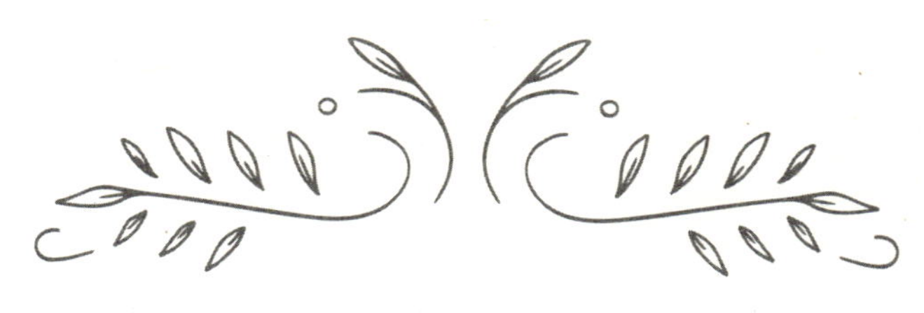

288
Beneficência

Cap. XIII – 11

Após enorme decepção, a moça cobriu-se de infortúnio e refugiou-se em casa.

Recolhida ao sofá.

Lágrimas nos olhos.

Opressão no peito.

Suspiros frequentes.

Tristeza profunda.

Crises de choro.

Vontade abalada.

Desânimo total.

Ausência de prazer.

Revolta contida.

Quando atendeu à porta, deparou-se com a

mulher maltrapilha e doente, rogando auxílio. Apesar da desilusão, socorreu a infeliz.

Deu alimentos.

Providenciou roupas.

Arranjou agasalhos.

Conseguiu remédios.

Fez recomendações.

Ao se despedir da mulher aliviada e sorridente, a moça notou profunda transformação em si mesma. Sentiu-se totalmente renovada e com imensa alegria interior.

*

Não acontece nenhum milagre em situações como esta, pois o Evangelho ensina que alguém é realmente feliz quando se esquece de si mesmo e se lembra de que pode ser útil à felicidade dos outros.

289
O ALICERCE

Cap. XIII – 12

Segismundo Bastos fizera nome na cidade. Engenheiro competente. Empresário bem-sucedido. Cidadão respeitado.

Diretor de importante construtora, tinha conceito sólido como homem honrado e cumpridor dos deveres. Em toda a região, e muito além dela, havia trabalhos seus. Obras de saneamento. Edifícios públicos. Rodovias. Prédios imponentes. Não havia dúvida quanto ao seu prestígio e à sua importância na área profissional. Além disso, pessoa dotada de reconhecidas qualidades morais, sua trajetória de vida servia de exemplo e modelo para as novas gerações.

Entretanto, era avesso à beneficência. Homem de trabalho, acreditava que cada um deveria construir seu próprio mundo sem a dependência alheia. Não era indiferente à atividade social. Ele mesmo fundara instituição de grande envergadura, destinada ao ensino profissionalizante. Era firme sua crença no trabalho.

Agnaldo, também engenheiro e amigo de ideias religiosas, tocava sempre no assunto. Falava, convicto:

– A caridade é o alicerce de todas as outras virtudes. Sem ela, as qualidades de espírito se transformam em simples rigidez moral.

O empresário, porém, não ligava aos argumentos do companheiro.

Quando recebeu significativa homenagem de seus pares, Segismundo fez emocionado agradecimento. Entre outras frases, discursou com ênfase:

– Toda a minha vida tem a marca da fé nos atributos morais. Honesto, não admito falcatruas. Sincero, não aceito mentiras. Justo, não compactuo com injustiças. Não construí apenas prédios de tijolos e argamassa. Construí também um edifício de virtudes com estrutura inabalável.

Após o encerramento da cerimônia, Agnaldo se aproximou do homenageado e, findos os cumprimentos, segredou-lhe ao ouvido:

– Fiquei preocupado com seu edifício de virtudes.

Depois de pequena pausa e para surpresa indignada do amigo, completou, enigmático:

– Sem alicerce!...

290
Chave certa

Cap. XIII – 12

A dona de casa havia perdido a chave da porta principal e, imbuída de bons propósitos, tomou providências por si mesma.

Usou outra semelhante.

Colocou na abertura.

Fez deslocamentos laterais.

Girou a maçaneta sem sucesso.

Retirou a chave.

Olhou suas ranhuras.

Experimentou de novo.

Repetiu os movimentos.

Tentou várias vezes.

A porta não abriu.

Entretanto, o morador do lado era chaveiro e, percebendo a dificuldade da vizinha, ofereceu-se para ajudar.

Examinou a fechadura.

Desmontou o tambor.

Pesquisou o mecanismo.

Estudou o molde.

Preparou a chave correta.

A porta foi aberta num instante e a mulher sentiu a alegria de entrar em casa.

*

Pessoas de bem cultivam, durante toda a vida, sentimentos de justiça, honestidade e paz. Contudo, embora dotadas de imensas virtudes, esquecem que o exercício simples da caridade é a chave certa que abre a porta dos Céus, onde o seguidor do bem vai encontrar a verdadeira felicidade.

291
O ROUBO

Cap. XIII – 13

Dona Caridade dos Santos fazia justiça ao nome. Mulher caridosa. Pessoa afável. Presença simpática. Dotada de extrema bondade, era o anjo protetor dos necessitados. O socorro providencial aos que suportavam o peso da miséria.

De família abastada, desde sempre se dedicara a ajudar o próximo. Ainda criança, pedia aos pais doces e balas para dar às crianças pobres. Depois, já adolescente, distribuía material de escola aos alunos sem recursos. Mais tarde, mãe de família realizada, sua vida se transformara em modelo de generosidade.

No exercício da beneficência, cultivava o hábito de fazer visitas diárias às famílias carentes. Dirigia seu próprio automóvel. Entrava nos casebres com espontaneidade. Conversava amorosamente. Ouvia as necessidades. Providenciava tudo com presteza. Era o símbolo da caridade autêntica.

Certa noite, a benfeitora recebeu chamado urgente de uma de suas protegidas. Velha senhora, muito doente. Estava mal, pedia sua presença.

Apesar da hora avançada, Caridade atendeu ao chamado. A meio caminho, foi surpreendida por alguns jovens de arma em punho. Quando se aproximaram da porta do carro, um deles gritou, rápido:

– Parem! Ela, não...

Os rapazes recuaram e o chefe da turma continuou a falar, explicando:

– Há muitos anos, quase morri. Doença grave. Ela ajudou minha mãe. Arranjou o hospital. Salvou minha vida. Ela...

Interrompeu a fala. Depois, prosseguiu com voz mais baixa:

– Ela também rouba. É igual a nós.

Ninguém entendeu as últimas palavras. Contudo, enquanto o grupo se afastava, a nobre benfeitora, comovida, ouviu o jovem dizer aos companheiros:

– Ela roubou meu coração.

292
FRUTOS

Cap. XIII – 13

O aspecto da lavoura era desolador.

Área irregular.

Terreno precário.

Superfície dura.

Erosões profundas.

Tocos à vista.

Cupinzeiros espalhados.

Ramagens daninhas.

Plantas mirradas.

O lavrador agiu com firmeza e tomou as providências necessárias.

Consultou técnicos.

Acertou o terreno.

Corrigiu a acidez.

Espalhou adubo.

A terra exigiu do lavrador muitos cuidados. Entretanto, após a sementeira, produziu com abundância.

*

O campo da assistência fraterna também é assim. O auxílio ao próximo requer atitudes firmes.

Disposição para servir.

Correção do egoísmo.

Sentimento de bondade.

Sensibilidade à dor alheia.

Contudo, embora peça muito de nós, a caridade é generosa ao devolver e seus frutos têm a doçura da alegria e a leveza da paz.

293
ESMOLA

Cap. XIII – 14

A cidade inteira conhecia Eusébio Campos. Homem maduro. Corpo avantajado. Voz possante.

Presença simpática, era figura singular na comunidade. Embora retraído e de pouca prosa, tornara-se membro de clube de serviço, onde atuava em iniciativas de interesse comum. Conversava com autoridades. Frequentava eventos. Colaborava nas decisões em benefício da população.

Comerciante na área de frutas, legumes e verduras, trazia para seu estabelecimento produtos sadios e vistosos. Tinha fama de exigente. Não aceitava nas bancas senão o que era da melhor qualidade. Conquistara freguesia certa.

Chefe de família digno e cidadão honrado, sua

história de vida emocionava os habitantes da pequena cidade. Começara sua trajetória comercial como simples plantador de hortaliças, em terrenos urbanos e emprestados. Depois, passou a alugar pequenos sítios e aumentou a produção. Por fim, montou seu próprio mercado.

Além de comerciante bem posto, era generoso. Dava esmolas em profusão. Formavam-se filas imensas em frente a seu escritório. Contudo, recusava participar de entidades assistenciais e não fazia segredo disso.

Certo dia, quando fazia compras no mercado, Domício, espírita atuante na assistência fraterna, convidou o amigo para o grupo de companheiros em instituição conhecida. O comerciante, porém, retrucou, convicto:

– Dou esmolas. É a mesma coisa.

O espírita, no entanto, insistiu e argumentou:

– Não é a mesma coisa. A esmola, embora socorra a dificuldade do momento, é desagradável. No grupo de assistência, o auxílio se reveste de caridade. Você acolhe o irmão e lhe atende a necessidade. É diferente.

Nessa altura da conversa, o amigo mostrou uma fruta e completou, enfático:

– Aqui, tudo é alimento, mas a caridade é como a manga, suculenta e doce.

Eusébio ouviu, calado. Logo, porém, perguntou:

– E a esmola?

Domício passeou os olhos pelo mercado e, apontando banca próxima, disse, encerrando o assunto:

– A esmola é aquele jiló.

294
De porta em porta

Cap. XIII – 14

O vendedor ambulante trabalhava desde cedo.

Abastecia a caminhonete.

Escolhia o bairro.

Percorria as ruas.

Manejava o som.

Falava ao microfone.

Anunciava mercadorias.

Relacionava vantagens.

Dizia frases espirituosas.

Em cada esquina, parava a caminhonete e começava a vender.

Ia de porta em porta.

Oferecia os produtos.

Anotava os pedidos.

Fazia a entrega.

O trabalho era exaustivo, mas garantia boa clientela e pagamento certo, em moeda corrente.

*

O servidor do Cristo também vence distâncias na assistência fraterna.

Vai ao bairro longínquo.

Busca a família carente.

Doa o alimento.

Distribui a roupa.

Conversa com fraternidade.

A tarefa é árdua e, muitas vezes, dolorosa. Contudo, a caridade de porta em porta, na visita domiciliar aos irmãos necessitados, leva o discípulo de Jesus ao encontro de clientela especial, que recebe o benefício e devolve em bênçãos, pagamento à vista na única moeda que tem valor no Banco da Providência Divina.

295
Pimenta no olho

Cap. XIII – 15

Raimundo Malagueta ganhara o apelido certo. Embora fosse vendedor de pimenta, conquistara a alcunha em razão do gênio difícil. Homem intolerante. Observador severo. Linguagem contundente.

Pequeno fazendeiro, vivia em terras próximas à cidade. Cultivava pimenteiras de variada qualidade, mas a espécie mais abundante era justamente aquela que lhe dera o apelido. Curtia a pimenta malagueta de tal forma, que o sabor era extremamente ardido. Seus produtos eram apreciados e os clientes vinham de toda parte.

Com o tempo, granjeara o conceito de homem justo, correto e trabalhador, mas era temido pelo julgamento impiedoso da conduta alheia. Não tinha a mínima indulgência para com os erros banais do próximo. Falava com aspereza das pessoas que cometiam enganos. Condenava com rigor os erros comuns do dia a dia.

Familiares e companheiros tentavam convencê-lo da inconveniência de tais atitudes, mas em vão. O fazendeiro retrucava, irônico, referindo-se às suas atividades:

– Errou? Pimenta no olho.

João, morador de fazenda próxima e leitor eventual do Evangelho, falava com liberdade ao amigo:

– Indulgência é caridade. E a caridade é importante caminho para Deus. Tenhamos tolerância, porque todos erramos.

Raimundo não lhe dava ouvidos. Ao contrário, alimentava alguma antipatia ao vizinho, que estava sempre por ali e dava palpites a respeito de qualquer assunto.

Certo dia, porém, o fazendeiro cometeu pequena distração ao manipular vidros de pimenta em conserva. Algumas gotas lhe atingiram os olhos. Correria. Gritos. Pedidos de socorro. O alívio só veio quando o médico tomou as providências necessárias.

João foi visitá-lo ainda no hospital. Encontrou-o deprimido. Olhos vendados. Voz trêmula. Pouca conversa. Fez inúmeras perguntas. Queria detalhes do acidente.

Raimundo ficou aborrecido e, encerrando a conversa, disse, irritado:

– Mudei de ideia. Pimenta no olho não é para quem erra.

O amigo, sempre curioso, perguntou, surpreso:

– E para quem é?

O fazendeiro olhou para o vizinho e, mostrando que ainda estava muito longe da indulgência, explicou, com um sorriso de desforra:

– É para vizinho palpiteiro.

296
Peso específico

Cap. XIII – 15

O homem possuía rendimentos de origens diversas.

Terras.

Plantações.

Empresas.

Prédios.

Aluguéis.

Aplicações financeiras.

De posse de tantos recursos, gastava bastante para atender seus caprichos pessoais.

Mansões.

Automóveis.

Barcos.

Festas.

Passeios.

Viagens.

Durante todo o tempo, agiu assim, distribuindo seus recursos aos que lhe vendiam oportunidades de satisfação íntima.

Entretanto, certo dia, percebeu que, apesar de toda a riqueza, seu relatório de vida era extenso, mas pobre, pois se referia apenas a si mesmo.

*

Na seara do Evangelho, também existem companheiros dotados de muitos recursos. Reúnem preparo e talento, mas cultivam igualmente a satisfação pessoal pela impressão que causam.

Fazem palestras brilhantes.

Exibem eloquência.

Ostentam erudição.

Comandam a assistência fraterna.

Dedicam tempo e esforço à ideia religiosa que

abraçam, mas fazem questão do reconhecimento a suas tarefas.

Contudo, quando voltam ao mundo espiritual, descobrem que sua ficha de trabalho é volumosa e com abundantes registros de boas ações, mas carecem do peso específico da verdadeira caridade.

297
O JARDIM

Cap. XIII – 16

Mariquinha Seixas era criança precoce. Oito anos. Mente ágil. Conversa madura.

Na escola, chamava a atenção. Logo nos primeiros meses, já conhecia as palavras e os números. Daí foi um pulo até à leitura, à escrita e à tabuada. Era alvo de admiração de professores e colegas.

De família pobre, vivia com os pais em casa simples e apertada, mas era feliz e gostava de cuidar das flores no pequeno jardim. Inundava o lar de otimismo e alegria.

Neta de valoroso espírita, a quem se ligara com elevada afinidade, e com formação religiosa dentro da família, Mariquinha surpreendia pelos conhecimentos a respeito do Espiritismo. Frequentava as aulas de evangelização, não dispensava os livros infantis de conteúdo doutrinário, citava com facilidade as lições evangélicas.

Além disso, era generosa de coração. Ajudava a mãe nas tarefas domésticas e, diariamente, visitava vizinha enferma, acamada, levando-lhe uma das flores que cultivava. A velha senhora agradecia o delicado presente e comentava, com sorriso aberto:

– Você é boa e carinhosa. Um dia, Jesus vai lhe dar um jardim enorme.

Passaram-se os meses. Certa manhã, a rotina de vida foi quebrada. Mariquinha acordou com febre alta. Foi atendida no hospital da pequena cidade e encaminhada a especialista, em centro maior. O diagnóstico foi sombrio. Leucemia. Forma grave. Recurso escasso.

Apesar do tratamento doloroso, a menina revelava estoicismo. Os pais choravam às escondidas. Ela percebia. Levava-lhes palavra de ânimo e dizia com convicção:

– A Doutrina Espírita ensina que a dor aperfeiçoa o Espírito. Vamos confiar em Deus.

Com o tempo, a doença foi se agravando. Uma noite, a criança piorou muito. Era o fim tão temido. A família, reunida em torno do leito, orava em lágrimas.

A certa altura, Mariquinha, quase inconsciente, abriu os olhos e balbuciou com dificuldade:

– Mãe, é um jardim grande. Vovô sorri e me chama.

Os olhos cerraram novamente. A respiração parou. O corpo suado ficou inerte.

A criança generosa, que tinha apenas uma flor para dar a alguém em necessidade, recebia agora o cêntuplo, um jardim imenso, repleto de flores.

298
A MANGUEIRA

Cap. XIII – 16

O operário estava em casa, depois de um dia cansativo de serviço.

Cabana modesta.

Interior simples.

Homem pobre.

Trabalhador honrado.

Viúvo solitário.

Filhos ausentes.

Parentes longe.

Vida difícil.

Orçamento apertado.

Poucos recursos.

Mal acabara de fazer o jantar, alguém bateu à porta, rogando auxílio.

Mulher emagrecida.

Criança nos braços.

Roupa em farrapos.

Aspecto de fome.

Pedido de comida.

O operário deu à mulher todo o seu jantar. Contentou-se de comer apenas uma manga de qualidade, que havia guardado para fazer muda.

Tempos depois, o caroço semeado transformou-se em portentosa mangueira, carregada de frutos.

*

A caridade é assim. Planta-se uma semente e colhe-se com abundância. Basta, agora, o simples gesto de amor e, depois, o retorno é uma chuva de bênçãos.

299
Glória e Carolina

Cap. XIII – 17

Eram irmãs. Gêmeas idênticas. Temperamentos diferentes. Ideias opostas.

Filhas de pais bem formados e com recursos, despertavam curiosidade pela extrema parecença física. Além disso, os cuidados pessoais acentuavam a similitude. Cabelos com o mesmo penteado. Vestidos e sapatos iguais. Brincos semelhantes nas orelhas.

Era comum a confusão entre ambas, motivo de brincadeiras com os parentes, mas causa de desespero na escola, entre os professores. Elas trocavam de nome com facilidade, sendo difícil saber quem era uma e outra. Apesar de pequenas diferenças de humor, mas com educação de berço bem orientada, as meninas tinham as mesmas atitudes diante das diversas situações.

Contudo, com o passar do tempo e a partir da puberdade, o temperamento delas se diferenciou.

Carolina continuou meiga e amorosa, interessada pela sorte do próximo. Tinha enorme compaixão para com os sofredores. Ainda na adolescência, tornou-se espírita e, mais tarde, já adulta, assumiu tarefas assistenciais de vulto em favor dos necessitados. Era conhecida pela beneficência aos mais pobres e pelo sentimento de caridade dirigido aos infelizes.

Glória, no entanto, tomou caminho contrário. Moça revoltada e retraída, não acolheu qualquer ideia religiosa. Pouco convivia com familiares e amigos e ligava apenas ao seu mundo interior, repleto de atribulações. Não se interessava pelas dificuldades do outro.

Dizia, nervosa:

– Não tenho piedade de ninguém.

Carolina respondia com carinho:

– Há sofrimento por toda parte. Basta prestar atenção.

Glória, porém, não concordava.

Certo dia, quando caminhava pelo centro da cidade, assistiu a um atropelamento. Pessoa mais velha. Passos lentos. Descuido do motorista. Impulso irresistível levou-a ao local. Abaixou-se junto à senhora que gemia de dor. Dirigiu-lhe palavras de ânimo. Fez-lhe companhia no hospital até que a família dela estivesse presente.

Carolina soube dos acontecimentos. Quando, mais tarde, encontrou a irmã, abriu enorme sorriso e falou com alegria:

– Não é difícil ter piedade. É só enxergar o outro.

300
Piedade

Cap. XIII – 17

O homem olhou à sua volta e ficou desanimado.

Tarde abafada.

Calor insuportável.

Céu limpo.

Sol causticante.

Ar morno.

Chão quente.

Plantas murchas.

Capinzal seco.

Campo cinzento.

Paisagem triste.

Pouco a pouco, porém, a situação foi se transformando.

Chegaram as nuvens.

O vento apareceu.

Mudou a atmosfera.

O tempo melhorou.

A chuva iminente era a solução para a terra ressequida. Entretanto, antes dela, a brisa fresca amenizou a temperatura ambiente.

*

À semelhança da paisagem desoladora da seca, a miséria é também cenário doloroso à espera de mudanças.

A beneficência é o alívio da necessidade do próximo em aflição. Contudo, antes dela, a presença comovente da piedade suaviza a dureza de nosso coração e prepara o caminho para que a caridade em sua plenitude espalhe a coragem e a esperança aos irmãos infelizes.

301
Boas maneiras

Cap. XIII – 18

Rolando Bastos era realmente pessoa arredia. Semblante fechado. Testa franzida. Pouca prosa.

Engenheiro eletricista, tinha o respeito de clientes e amigos. Competente e sistemático, seu trabalho beirava a perfeição. Era exigente e não admitia intermediários. Orientava ele mesmo seus empregados. Acompanhava, passo a passo, cada detalhe do serviço e examinava com minúcias o material a ser utilizado na obra. Fios. Tomadas. Interruptores.

Fizera nome em toda a região como empresário na área de eletricidade. Montara conceituada equipe de técnicos, desde os encarregados dos projetos até os eletricistas, no setor de execução. Sua empresa era garantia de serviço bem feito.

Além das qualidades profissionais, era bom de coração. Não negava ajuda a quem lhe pedisse. Era colaborador assíduo de entidades assistenciais. Ajudara na construção de orfanato na cidade e, depois, tornou-se peça importante na manutenção.

Entretanto, era contundente no trato com as pessoas. Falava de arranco. Respondia com rispidez. Entregava-se à beneficência, mas não era dado a sorrisos nem agrados às crianças do orfanato. Janice, esposa dedicada, fazia-lhe frequentes advertências. Dizia com carinho:

– Fale com brandura. Suavize o tom de voz. Isto faz bem a todos.

Contudo, as sugestões de mudança não surtiam efeito algum.

Certa manhã de domingo, no final de ano, representantes do orfanato foram à casa do engenheiro para agradecer sua colaboração contínua e importante. Janice recebeu as diretoras com alegria. Frases amenas. Referências amistosas. Sorrisos fartos. Rolando, porém, permaneceu todo o tempo com a fisionomia carregada e mal conversou. A esposa, incomodada, dirigiu-se às visitantes e comentou, sem graça:

– Desculpem meu esposo. Quando criança, ficou órfão de pai e mãe.

As senhoras não entenderam. Janice, no entanto, logo prosseguiu e, apontando o marido emburrado, completou:

– Agora, ele é órfão de boas maneiras.

302
Orfandade

Cap. XIII – 18

O balconista tinha a estima e a consideração de todos na loja.

Presença simpática.

Sorriso fácil.

Palavra solícita.

Conversa cordial.

Atendimento eficiente.

Clientela cativa.

Conhecimento do ramo.

Experiência no serviço.

Referências elogiosas.

Prestígio na praça.

Entretanto, quando antipatizou com um colega, passou a prejudicar o desempenho da loja.

Comportamento arredio.

Ausências injustificadas.

Fugas do trabalho.

Expressões infelizes.

Atitudes agressivas.

O gerente, então, não teve alternativa senão dispensá-lo de suas funções. O balconista reagiu com ataques à direção da loja.

*

Isto pode acontecer também em grupos religiosos.

O colaborador que tem pendências com algum companheiro leva para a instituição os problemas pessoais e começa a perturbar o andamento do trabalho.

Confessa seu desagrado a colegas.

Agride o desafeto às escondidas.

Alega intolerância ao ambiente.

Contudo, quando é desligado das tarefas, em razão da conduta imprópria, o colaborador despedido se vale de conversas reservadas para atacar companheiros e, sem o amparo da razão e do equilíbrio, revela assim que, no fundo, é órfão de fraternidade e bom senso.

303
Goma de mascar

Cap. XIII – 19

Mais do que conhecido na pequena cidade, Gildo Pestana era admirado por seus gestos de benevolência. Coração bom. Mão aberta. Caridoso.

Espírita convicto e estudioso do Evangelho, procurava sempre o caminho do bem. Atendia a todos que lhe batiam à porta. E ninguém ia embora sem o recurso pretendido. Alimento. Roupa. Agasalho. Remédio.

Além de companheiro nas atividades beneficentes da instituição religiosa a que pertencia, Gildo era doador generoso e colaborava continuamente com todas as entidades assistenciais. Conquistara o conceito de benfeitor querido e respeitado.

Por isso, quando foi alvo de ingratidão por parte de antigo beneficiado, toda a cidade se comoveu. A atitude do ingrato revoltou especialmente os amigos mais próximos, que logo foram visitá-lo. Clarindo, o mais indignado, disse com irritação:

– Pare de ajudar os outros. O mundo está repleto de ingratos.

Gildo, no entanto, respondeu, calmo:

– Ainda tenho muito a fazer.

O amigo insistiu, prosseguindo o diálogo:

– Vai continuar?

– Claro que vou.

– Mesmo depois da ofensa?

O benfeitor calou-se por um instante. Depois, falou, pensativo:

– É bom prosseguir, pois caridade com ingratidão é igual goma de mascar.

Os visitantes não entenderam. Gildo, porém, logo explicou, sorridente:

– Mesmo quando acaba o sabor, a gente continua mastigando.

304
Ingratidão

Cap. XIII – 19

O jovem foi até o irmão mais velho e pediu ajuda.

Estava em dificuldade.

Tinha emprego modesto.

Ganhava pouco.

Queria estudar.

Não possuía recursos.

Sonhava com a Universidade.

Precisava sair da cidade.

O irmão se movimentou para atender ao pedido.

Procurou amigos influentes.

Conseguiu bolsa de estudo.

Bancou a moradia fora.

Colaborou quanto possível.

Garantiu a formatura.

Tempos depois, já exercendo a profissão escolhida e com vida confortável, aquele jovem revelou-se ingrato e negou solidariedade ao irmão benfeitor.

*

Caso semelhante acontece em instituições religiosas.

Quando colaboradores do grupo doutrinário têm problemas próprios e pedem o socorro do Alto, os amigos espirituais acodem com o auxílio possível.

Amparam na dor imprevista.

Impedem influência desfavorável.

Protegem do perigo iminente.

Sugerem ideias benéficas.

Contudo, se os benfeitores da instituição rogam o concurso de companheiros mais experientes para determinada tarefa, quase sempre ouvem deles as mais diversas alegações para disfarçar a falta de solidariedade e a ingratidão de sobra.

305
O RETRATO

Cap. XIII – 20

Inês Portela tinha sua religião. Assídua no templo. Auxiliar graduada. Orientadora de fiéis.

Mulher de convicções fortes, não arredava pé daquilo em que acreditava. Não admitia outras crenças, nem a convivência com adeptos de outra fé religiosa. Discutia. Refutava. Argumentava. Chegava a ponto de negar colaboração eventual às campanhas assistenciais promovidas por outras religiões.

Apesar de tal conduta, não era indiferente à ajuda ao próximo. Na instituição, cuidava do setor de assistência aos necessitados do bairro. Angariava alimentos e roupas para as distribuições periódicas. Reunia agasalhos e cobertas para a época do inverno. E, no último mês do ano, montava cestas bem sortidas para presentear os pobres. Contudo, só assistia os registrados na instituição e que professavam a mesma fé religiosa.

Carlota, companheira e amiga íntima, comentava com liberdade:

– O processo está errado. Jesus recomendou o amor ao próximo sem distinções. Não se deve discriminar o necessitado.

Inês, porém, não dava ouvidos. Dirigia a assistência com as próprias ideias.

Certo sábado, quando fazia visitas domiciliares às famílias carentes do bairro, sentiu-se mal e desfaleceu. Sol muito quente. Tarde abafada. Caminhada longa.

Foi acolhida, fora de seu roteiro, em casa muito pobre, cuja moradora, gentil e prestativa, logo passou a ajudá-la. Enxugou-lhe o suor. Providenciou compressas refrescantes. Improvisou abanadores.

Quando Inês recobrou a consciência, viu pendurado, na parede à sua frente, o retrato de um líder espírita. Arregalou os olhos e gaguejou:

– Estou no lugar errado!...

A dona da casa, porém, conhecendo a fama da religiosa, retrucou rápido:

– Não se preocupe. Aqui não fazemos diferença.

Inês sorriu, sem graça. No entanto, a partir daquele dia, mudou o comportamento e não mais discriminou os necessitados. Incluiu a moradora entre as famílias assistidas e toda vez que a encontrava dizia, contente:

– Você fez diferença em minha vida.

306
Beneficência exclusiva

Cap. XIII – 20

Os funcionários do escritório agiam com presteza.

Além do expediente.

Horas a mais.

Trabalho urgente.

Relatório importante.

Atenção redobrada.

Tempo escasso.

Saída impossível.

Ausência de lanche.

Descanso mínimo.

Quota de sacrifício.

Após a jornada árdua e diante de todos, o chefe premiou seu auxiliar predileto.

Elogiou o serviço.

Acenou com promoção.

Deu folga extra.

Bonificou o salário.

Aplaudiu o desempenho.

Contudo, os demais funcionários sentiram a exclusão e levaram o caso aos superiores. A diretoria exigiu tratamento igual a toda a equipe e, chamando a atenção do chefe, afirmou que todos os colaboradores tinham a consideração da empresa.

*

Acontece o mesmo na beneficência exclusiva.

Em qualquer atividade assistencial, quando alguns beneficiados são escolhidos em detrimento de outros que também rogam auxílio, a Lei Divina vai mostrar que todos os carentes que esperam o socorro do bem são irmãos na necessidade e iguais na beneficência.

Leia Também

Contos e Crônicas
volume 1

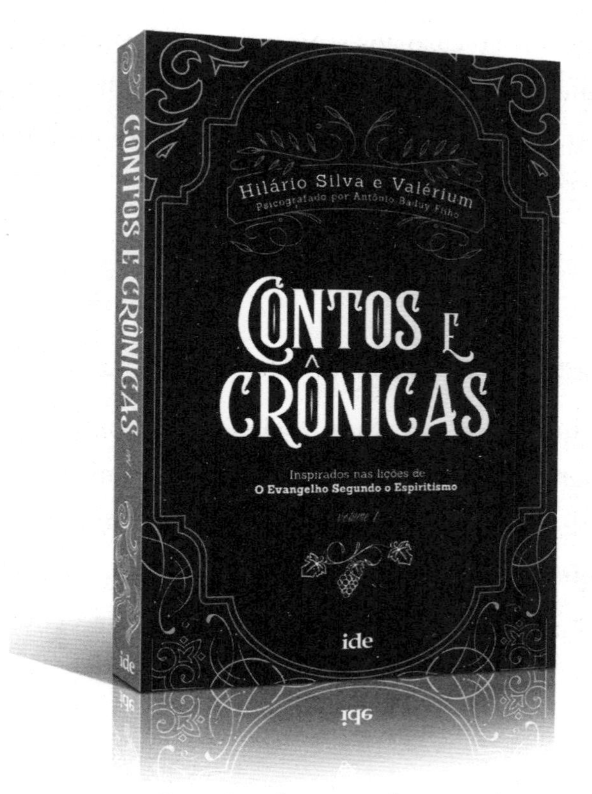

Inspirados nas lições de
O Evangelho Segundo o Espiritismo

ide

No ano de 1963, Francisco Cândido Xavier ofereceu, a um grupo de voluntários, o entusiasmo e a tarefa de fundarem um Anuário Espírita. Nascia, então, o Instituto de Difusão Espírita - IDE, cujo nome e sigla foram também sugeridos por ele.

A partir daí, muitos títulos foram sendo editados, e o Instituto de Difusão Espírita, entidade assistencial sem fins lucrativos, mantém-se fiel à sua finalidade de divulgar a Doutrina Espírita através da IDE Editora, tendo como foco principal as Obras Básicas da Codificação, sempre a preços populares, além dos seus mais de 300 títulos, muitos psicografados por Chico Xavier.

O Instituto de Difusão Espírita conta também com outras frentes de trabalho, voltadas à assistência e promoção social, como albergue noturno, acolhimento de migrantes, itinerantes, pessoas em situação de rua, assistência à saúde e auxílio com cestas básicas, para as famílias em situação de vulnerabilidade social, além dos trabalhos de evangelização infantil, mocidade espírita, artes (teatro, música, dança, artes plásticas e literatura), cursos doutrinários e passes.

Este e outros livros da *IDE Editora* subsidiam a manutenção do baixíssimo preço das *Obras Básicas, de Allan Kardec,* mais notadamente, *"O Evangelho Segundo o Espiritismo"*, edição econômica.